# F. John-Ferrer
*Der vergessene Bunker*

F. John-Ferrer

# Der vergessene Bunker

## Überlebenskampf in Karelien

rosenheimer

Der Ablauf des militärischen Geschehens entspricht der geschichtlichen Wahrheit. Die Namen der handelnden Personen sind frei erfunden. Eventuelle Ähnlichkeiten sind daher rein zufällig.

Besuchen Sie uns im Internet
www.rosenheimer.com

3. Auflage
© 2014 Rosenheimer Verlagshaus GmbH & Co. KG, Rosenheim
Lektorat und Satz: VerlagsService Dietmar Schmitz GmbH, Heimstetten
Titelfoto: © Bundesarchiv, Bild 101I-004-3634-33 /
Fotograf: Richard Muck
Druck und Bindung: CPI Moravia Books s.r.o.
Printed in Czech Republic

ISBN 978-3-475-54262-6

Der Gebirgsjäger Lorenz stand mit einem halben Dutzend Essenholern unter dem weit überhängenden Dach des morschen Holzschuppens und erwartete fröstelnd die Ausgabe des Mittagessens. Die Landser in den verschlissenen Uniformen lungerten mit verdrossenen Gesichtern um die ein klein wenig Wärme spendende Feldküche herum; sie redeten kaum miteinander und schauten missvergnügt in den Regentag hinaus. Ein kalter Wind blies, und der Regen war bereits mit dem ersten Schnee vermischt. Schräg trieb er über die verschlammte Straße hinweg, kräuselte hässliche Pfützen und fuhr ins Gebälk des alten Holzschuppens, unter dem die rußgeschwärzte Feldküche stand. Es gab heute wieder die übliche Graupensuppe, die der Küchengefreite noch einmal umrührte, abschmeckte, um dann lässig zu winken:

»Auf geht's! Porzellan fertigmachen, meine Herrschaften!«

Kochgeschirre klapperten, und der Gefreite Lorenz, Melder im 1. Zug, Gruppe Teichmann, entzurrte gemächlich den Deckel des tragbaren Kanisters und machte sich zum Empfang der grauweißlich brodelnden Brühe bereit.

Es war ein trostloser, verregneter und nasskalter Herbsttag, der 20. September 1944, kurz vor mittags. Die militärische Lage in Karelien war ebenso lichtarm wie der Tag und freudlos wie die unrasierten Gesichter der um die Feldküche drängelnden Landser.

Die Bombe, die am 20. Juni im Führerhauptquartier krepiert war und die ihr zugedachte Aufgabe nur in ungenügender Weise erfüllt hatte, änderte das Schicksal derer, die in dem finnischen Grenzdorf Laksa lagen, ebenso wenig wie das der restlichen in einem allgemeinen Rückzug befindlichen deutschen Phalanx im Osten. Längst war die Wehrmacht zurückgedrängt worden bis ins Kurland, bis über den San und die Weichsel, bis tief ins südliche Polen hinein. Der Rote Koloss walzte unerbittlich weiter und drängte auf die Entscheidung, die Westalliierten standen bereits in der Normandie, die Rumänen hatten aufgegeben, und die Finnen am 19. September in Moskau den Waffenstillstandsvertrag unterzeichnet. Der Sommer war gestorben, und mit ihm die letzte Hoffnung auf eine Wende im deutschen Kriegsgeschehen.

Der Küchengefreite Emil Gschrei klatschte die Graupenschläge ohne zu zählen in die Kochgeschirre und Kanister.

»Meine Herren, wenn Gschrei sich nicht irrt, geht's bald ab. Vorhin ist der Bataillonsmelder eingetrudelt!«

Lorenz war gerade dabei, den Deckel des Kanisters zu verriegeln, als jenes scheußliche Geräusch ertönte, das alle kannten, das wie das Jammern eines hungrigen Kindes klingt und in der nächsten Sekunde mit einem Bersten endete.

Emil Gschrei sprang vom Trittbrett der Feldküche und flog in »Volle Deckung«. Die anderen ebenfalls.

Huuuuuuiiiii … rrrrreng!

Die russische Granate krepierte mitten auf der Dorfstraße und riss eine Dreckfontäne hoch. Etwas klirrte gegen die Feldküche, und aus dem Riss im Kessel quoll die Graupensuppe in einem faustgroßen Strahl. Es stank nach Pulver und Schwefel, und die Dreckfontäne auf der morastigen Straße sank in sich zusammen.

»Mensch, unser Fressen läuft aus!«, schrie jemand.

Flüche wurden laut, Emil Gschrei erwischte ein schmutziges Handtuch und pferchte es in den Kesselriss, um die Graupensuppe zurückzuhalten.

»Wenn der Bettelmann Pech hat«, murmelte er, »verliert er das Brot aus dem Sack. Verdammter Mist!«

Lorenz grinste.

»Habt ihr vielleicht gedacht, der Krieg ist aus, weil die Finnen nicht mehr mitmachen? Nee, sag ich – der Krieg geht flott weiter, und wenn wir nicht bald abhauen, dann ...«

»Schnauze!«, sagte Lorenz' Nebenmann. »Wir hauen nicht ab, wir bleiben hier, bis der Iwan uns kassiert.«

Lorenz grinste noch immer, noch breiter.

»Was würdest du dazu sagen, Franz?«

Der lange Obergefreite zuckte gleichmütig die Schultern. »Mir ist die Heimat zu weit weg und der Iwan zu nah dran.«

»Richtung Norden ist aber noch frei.«

Der Obergefreite mit dem mageren Gesicht und dem bläulichen Stoppelbart unter dem nach hinten geschobenen Stahlhelm schnäuzte sich mit den Fingern und erwiderte dann: »'s müsste bald sein, sonst ist der Bart restlos ab.«

Emil Gschrei stand wieder auf dem Trittbrett. »Los, es geht weiter, meine Herren! Her die Tassen! Der Küchenchef des Hauses wünscht allseits recht guten Appetit! Zehn Schläge für die Herren der Gruppe Hochreiter! Mahlzeit!«

Lorenz schulterte seinen Kanister, hängte sich den Karabiner um den Hals und trat aus dem Holzschuppen auf die Straße.

Weit hinter dem Wald, aus dem die Regennässe dampfte, wummerte das feindliche Geschützfeuer. Der Gefreite schnupperte misstrauisch in die Luft. Laksa, das noch auf sowjetischem Boden liegende Dorf nahe der Grenze, bestand nur aus acht niedrigen, strohgedeckten Holzkaten und ein paar Schuppen. Die Bewohner hatten auf ihrer Flucht nicht viel zurückgelassen. In einer der Holzkaten, deren Strohdach schon beträchtlich zerfleddert war, hauste der Kompaniestab der »Dritten«, und sie diente auch als Gefechtsstand. Zu Gefechten kam es aber nicht. Die 3. Kompanie lag mit ihren vier bedenklich zusammengeschmolzenen Zügen längs des Waldes in Stellung und beschränkte sich darauf, gegen Südwesten abzusichern und die schmale nach Laksa führende und zwölf Kilometer nördlich endende Grenzstraße für den Rückzug freizuhalten.

Die Sowjets schossen regelmäßig herüber; es war kaum mehr als ein Störfeuer und bezweckte wahrscheinlich nur, die Reste eines zerpflückten Gebirgsjäger-Bataillons endgültig über die Grenze zu jagen und seinem weiteren Schicksal zu überlassen.

Das Bataillon hatte bei Wiborg gekämpft und schmerzliche Verluste erlitten. Wiborg befand sich schon seit Juni in den Händen der Sowjets, am 28. Juni wurde Petrosadowsk besetzt. Längs der russisch-finnischen Grenze schwiegen schon seit dem 4. September die Waffen.

Die 3. Gebirgsjäger-Kompanie hatte sich etappenweise bis dicht vor die alte Landesgrenze von 1940 zurückgezogen, wobei es Oberleutnant Rambach mehr darauf ankam, weitere Opfer zu vermeiden und den Rückzug möglichst geordnet durchzuführen.

Bis auf das russische Störfeuer waren die letzten Tage ruhig verlaufen. Hier in Laksa, wo sich Füchse und Hasen gute Nacht sagten, wo der Wald ringsum nach welkendem Laub und moderndem Holz roch, wartete man die weiteren Befehle der Division ab. Es konnten nur noch Rückmarschbefehle sein. Niemand beklagte sich mehr, alle dachten an den Weg nach Norden, an das Ende dieses aussichtslos gewordenen Kampfes.

Der Gefreite Lorenz wollte noch in die Schreibstube schauen, um nachzufragen, ob es etwas Neues gebe, ob vielleicht ein Postsack eingetroffen sei, ein Brief, ein Päckchen aus der Heimat.

Vor dem Blockhaus lehnte das schlammbespritzte Krad des Bataillonsmelders. Man hatte ein paar Bretter vor den Hauseingang gelegt, sie waren glitschig und voller Schlamm. Lorenz stolperte in das Haus.

Als er den Gefechtsstand betrat, schlug ihm der Mief von nassen Kleidern, Brot und Machorka ins Gesicht. Trübes Licht erhellte dürftig den niedrigen Raum. Längs der Wände war Stroh aufgeschüttet, in dem ein paar Gestalten lagen, rauchten oder miteinander sprachen. Drei winzige Fensterlöcher ohne Scheiben ließen das graue Tageslicht herein. Auf einem rohen Tisch lag eine ausgebreitete Landkarte, und davor stand die hagere Gestalt des Kompaniechefs Oberleutnant Rambach. Der Bataillonsmelder im schweren Kradmantel, den Stahlhelm über den Unterarm gehängt, stand neben dem Offizier, auch Spieß Witt und Feldwebel Danzer umringten den Tisch.

Lorenz, von keinem beachtet, fing gerade die Worte des Oberleutnants auf:

»Na also, Herrschaften, dann können wir ja zusammenpacken. Danzer, sorgen Sie dafür, dass die Züge Bescheid kriegen. Aus den Stellungen wird möglichst geräuschlos abgerückt, verstanden? Sammeln vor dem Gefechtsstand. Abmarsch der Kompanie Punkt vierzehn Uhr.«

In diesem Augenblick schwoll ein Dröhnen an, das schnell näherkam.

»Flieger!«, brüllte jemand.

Die Gestalten am Kartentisch duckten sich. Lorenz presste sich gegen die Wand und rutschte an ihr nieder. Dann bebte für ein paar Augenblicke das ganze Haus. Die Menschen hielten den Atem an. Gleich musste es krachen!

Das russische Jagdbomber kam im Tiefflug über Laksa hinweg, flog im grauen Regendunst eine Schleife, kehrte noch einmal zurück, und dann pfiff es in der Luft.

Die Bombe barst hinter dem Dorf. Fehlwurf! Das Dröhnen verlor sich, erstarb im Grau des Himmels hinter dem karelischen Wald.

Im Gefechtsstand wurde es wieder lebendig, man lachte, man redete durcheinander.

»Der hat nur mal nachgeschaut, ob wir noch da sind«, sagte jemand.

Lorenz fragte den Kompanieschreiber Heimann, ob Post eingetroffen wäre.

Der schüttelte den Kopf und meinte: »Post? Was brauchen wir Post, Mann! Wir rücken ab, das ist viel wichtiger!«

Jetzt trat Spieß Witt heran.

»Na, Bua?«, grinste er Lorenz an. Witt war Münchner und sprach ein unverfärbtes Bayerisch. »Was stehst rum und hältst Maulaffen feil, ha? Hast net g'hört, dass wir abrücken ?«

»Um vierzehn Uhr, Herr Hauptfeldwebel?«

»Um vierzehn Uhr«, nickte Witt. »Und koa Minuten später. Der Zug fährt pünktlich ab!«

»Jawohl, Herr Hauptfeldwebel!« Lorenz strahlte.

»Kehrt marsch!«, befahl Witt. »Nimm deine Füß in d' Hand und sag deiner Gruppe, dem Teichmann, Bescheid, dass er seinen Sommersitz aufgeben kann und mit Sack und Pack hier zum Abmarsch eintrifft!«

Der untersetzte Mann mit dem roten Metzgergesicht ließ Lorenz stehen und wandte sich an die in Bewegung geratenen Strippenzieher und Nachrichtenleute. Es ging also weiter! Lorenz freute sich darüber. Der verregnete Tag hatte beträchtlich an Tristheit verloren.

Lorenz verließ den wie ein Bienenkorb summenden Gefechts- und Schreibstubenraum. Draußen holte er tief Luft und schaute vergnügt in den schnürenden Regen. Bei der Feldküche stand ein Haufen Landser, und Gschrei gab noch immer das Essen aus. Ein Planwagen mit zwei pitschnassen, mageren Zossen davor, schleppte sich mühsam durch die verschlammte Wasserlandschaft der Dorfstraße. Dahinter folgten ein zweites und drittes Fuhrwerk.

Jetzt kam der Kradmelder heraus, setzte den Stahlhelm auf, trat seine Maschine an und fuhr, die bestiefelten Beine von sich streckend, dem nördlichen Dorfausgang zu. Das Wasser aus den Pfützen spritzte hoch auf, rutschend verschwand die Maschine.

Vierzehn Uhr Abmarsch! jubelte es in Lorenz. Raus aus diesem Drecknest, das auf keiner Karte eingetragen ist! Endlich marschieren! Bloß weg! Nach Norden hinauf! Über die Grenze zurück! Dort kann einem ja nicht mehr viel passieren!

Für Lorenz war es sonnenklar, dass man Richtung Norden marschieren würde; durch Finnland, in dem nicht mehr geschossen und gestorben und wo man von keinen Jabos mehr belästigt wurde! Und auch von keinen Heckenschützen!

Lorenz ging rasch auf die andere Straßenseite hinüber, dann ein Stück weiter, bis ein morastig gewordener Fußweg zum Waldrand abzweigte.

Der Kanister Graupensuppe am Rücken wärmte angenehm, der Regen prasselte auf die umgehängte Zeltbahn. Lorenz pfiff leise vor sich hin und dachte an die letzten beiden Kriegsjahre. In Narvik war er zur 3. Kompanie gestoßen, vom Ersatzhaufen kommend. Bald hatte er sich in den Kameradenkreis eingelebt und marschierte mit, tat seine Pflicht wie jeder andere, kämpfte, darbte, hoffte und wusste, dass alle Strapazen und Ängste umsonst gewesen waren; er wusste es, seit die Finnen die Waffen gestreckt hatten.

Lorenz wunderte sich darüber, dass er es den Finnen nicht einmal krumm nahm, dass er ihnen diesen Entschluss nachsah. Er kannte viele Finnen, er mochte dieses kleine, tapfere Volk und verstand, warum es die Waffen niederlegte. Es hatte wenigstens den Mut, mit diesem Irrsinn aufzuhören, es wollte nicht verbluten, das Hemd war ihm näher als der Rock!

Lorenz wich schwärzlichen, glucksenden Wasserlachen aus und streifte an triefenden Büschen entlang, von denen das Laub blätterte. Er war diesen Weg oft gegangen, bei Hitze und Kälte, bei Tag und Nacht. Rechts hinter den Büschen, in die der Regen prasselte, lag der Wald, dicht und filzig, mit schmalen Pfaden, die zu den Stellungen führten.

Dort drinnen ertönten Stimmen, Kommandos. Man hatte den Befehl zum Abrücken schon erhalten und baute ab.

Jetzt ploppte es weiter hinter dem Wald. Lorenz blieb stehen und horchte mit aufgesperrtem Mund. Jetzt kamen sie an, die Brocken: Piiiiiiauuuuu ... wumm ... rrrrreng! Drei Einschläge in der Nähe des Dorfes!

Sie haben es in die Nase gekriegt, dass wir abhauen, dachte Lorenz. Sie wollen uns noch ein wenig die Freude vermiesen! Er lachte und stolperte weiter.

An der Pfadkrümmung traf er mit der Gruppe Hengst zusammen. Mit Sack und Pack kam sie heran.

»Mensch, Lorenz, wo musst du noch hin?«

»Zum Teichmann. Fressen bringen und den Abmarschbefehl!«

»Na, dann beeil dich, Mann! Los, geh zur Seite, sonst überfahren wir dich!«

Sie gingen lachend vorüber und verschwanden mit klappernden Geräuschen auf dem dampfenden Pfad.

Der Weg endete auf einer kleinen Lichtung, die Lorenz noch überqueren musste. Drüben, hinter dem niedrigen Buschstreifen, lag der Bunker »Waldmaus«. Die Lichtung war mit gelbem Gras bewachsen, das der Regen plattgelegt hatte, in der Mitte stand der Torso einer Kiefer, die von einer Granate zersplittert war. Ringsum lagen die zerfetzten Äste, schon rötlich gefärbt in den langen Nadeln. Im Umkreis gähnten ein paar

Granattrichter, in denen sich das Regen- und Grundwasser angesammelt hatte.

Lorenz blieb stehen. Vor dieser Lichtung hatte er schon immer Angst gehabt. Es wollte ihm vorkommen, als benützten die roten Artillerieoffiziere den hoch aufragenden Kiefernstamm als Grundrichtungspunkt für ihre Geschütze, als Punkt, der sich ausgezeichnet zum Einschießen eignete.

Jedes Mal, wenn Lorenz diese Lichtung überqueren musste, überkam ihn die Ahnung, dass dieses freie Stück karelischen Landes ihm zum Schicksal und Verhängnis werden sollte.

Auch jetzt beschlich ihn wieder diese düstere Ahnung, den Gefreiten aus dem Emsland, den einzigen Sohn des Heidebauern Felix Lorenz. Aber er zögerte nur ein paar Augenblicke lang und sagte sich: »Unsinn, es passiert nichts! Ich muss rüber und Teichmann Bescheid sagen, dass abgerückt wird! Vorwärts also! Zwei Jahre und zwei Monate ist alles gut gegangen, warum soll jetzt etwas schief gehen?«

Er fing zu traben an. Die Graupensuppe im Kanister gluckerte warm und hohl am durchschwitzten Rücken, die ausgetretenen Nagelschuhe des Gefreiten spritzten ins nasse Gras, seufzten, plumpten mit dumpfer Eile über die Lichtung hinweg.

Er lief geduckt, mit eingezogenem Genick; der Stahlhelm rutschte ihm in die Augen, das Seitengewehr klirrte gegen den am Koppel wippenden Feldspaten.

Plopp-plopp-plopp, ertönte es rechts hinter dem Wald.

Abschussfeuer! schoss es Lorenz durch den Kopf. Schnell rüber!

Hiiiiiau-wumm-rreng! Dicht vor der rennenden Gestalt sprang der grelle Blitz auf. Lorenz rannte mitten in ihn hinein.

Als die schwärzliche Detonationswolke verraucht und vom Wind von der Lichtung getrieben war, lag der Kanister Graupensuppe am Buschrand. Der Verschluss war aufgesprungen, und eine grauweiße Masse kroch ins nasse Gras.

Das Gelände vor dem Waldrand fiel in sanften Bodenwellen bis zu einer flachen Talsohle ab, die von einem Bächlein durchflossen wurde, und stieg auf der anderen Seite, mit Gras und niedrigem Buschwerk bewachsen, wieder bis zum gegenüberliegenden Waldrand hinauf. Die Entfernung zwischen hüben und drüben betrug etwa tausend Meter Luftlinie. Drüben lagen Ungewissheit und Gefahr: die Feindseite. Nicht das schärfste Fernglas, nicht das geübteste Auge hätte von dorther den Erdbunker ausmachen können. Er war vollkommen unsichtbar, tief in den modrigen Boden vergraben, mit zwei dicht über der Bodenneigung liegenden Schießscharten. Zwei MG 42 beherrschten einen Geländewinkel von fast 180 Grad.

Der Bunker lag direkt am Waldrand, mit den Raffinessen langjähriger Kampferfahrung zusammengebastelt und mit fast pedantischer Hingabe ausgestattet, auf Sicherheit bedacht und mit dicken Baumstämmen zugedeckt, auf die eine Erdauflage gelegt und mit Sträuchern bepflanzt worden war. Ein lauernder und bei Bedarf Feuer und Verderbung sprühender Flügel, dessen darauf wachsender und jetzt welkender Heckenrosenstrauch Harmlosigkeit vortäuschte.

Der Zugang zu diesem gefährlichen Nest führte aus dem Wald heran. Zwei Büsche verbargen den Eingang, der mit Zeltbahnen verhangen war. Über vier Erdstufen gelangte man ins Innere des geräumig angelegten Bunkerraumes.

Die Decke war aus dicht zusammengefügten Baumstämmen gebaut und mit zwei entrindeten Pfosten gut abgestützt. Die Wände hatte man mit Ruten versteift und dann mit alten Frontzeitungen tapeziert. Vor den breiten Schießscharten stand der MG-Tisch mit den beiden tadellos instandgehaltenen Maschinengewehren vom Typ MG 42. Es war reichlich Munition vorhanden. Handgranaten lagen griffbereit. Zu beiden Seiten des Bunkers befanden sich die Lager, ein drittes unter dem MG-Tisch. Der Raum bot genügend Platz für die sieben Mann Besatzung. In der Mitte, neben dem ersten Stützpfosten, stand der aus Konservenblech hergestellte Bunkerofen, eine ebenso einfache wie praktische Erfindung, die mit trockenen Hölzchen, die rauchlos verbrannten, geheizt wurde. Ein langes, schmales Ofenrohr führte nach hinten schräg ins Freie. Ober den Lagern waren Wandbretter angebracht, auf denen in geordneter Reihe Stahlhelme, Gasmasken und sonstige Geräte lagen. Es gab sogar ein Schränkchen, in dem die Lebensmittel aufbewahrt wurden.

Im Bunker »Waldmaus« herrschten preußische Ordnung und Sauberkeit, obwohl die meisten der Insassen aus den südlichen Zonen Deutschlands stammten.

Oberjäger Werner Teichmann hieß der hagere, erst knapp 24-jährige Gruppenführer mit dem knochigen Gesicht und der Gasmaskenbrille auf der dünnen Nase. Er war eigentlich Fähnrich und hatte, was Wissen und

Intelligenz anging, beträchtlich mehr aufzuweisen als seine sechs Untergebenen. Er diente erst seit etwas über ein halbes Jahr bei der Dritten und kam von einem Münchner Ersatzbataillon, wo er den Offizierslehrgang mit »gut« bestanden hatte und anschließend zur Frontbewährung abkommandiert worden war.

Werner Teichmann war ein eigenartiger Mensch. Er schien stets eine unsichtbare Mauer um sich aufgebaut zu haben und sein eigenes Leben zu leben. In seinem hageren Gesicht stand ein Zug von eigensinniger Bitterkeit, von innerer Verschlossenheit; der Blick seiner hellen Augen, die sich hinter den Brillengläsern verbargen, verriet oft Arroganz und unverhohlene Geringschätzung dessen, was sich vor ihm zeigte oder zu behaupten versuchte.

Teichmann ließ gern durchblicken, dass er aus besseren Verhältnissen stammte und sein Vater Studienrat war. Er selbst hatte Medizin studieren wollen, war aber vor etwas über einem Jahr beim Physikum durchgefallen und hatte sich daraufhin freiwillig zum Wehrdienst gemeldet, um Offizier zu werden.

Vielleicht lag es am missglückten Studium, dass er einen gewissen Groll gegen seine Umgebung empfand und sich hinter Hochmut und oft verletzender Herablassung verschanzte. Jedenfalls war es schwer, mit ihm warm zu werden oder einen Blick in sein Inneres zu erlangen. Den Vorgesetzten, besonders den Offizieren gegenüber, legte er jene Zackigkeit an den Tag, die leicht ans Lächerliche grenzte. Er nahm sich wichtig, aber er hatte auch bereits gezeigt, dass er den Kampf nicht scheute und über beträchtlichen persönlichen Mut verfügte. Der Kompaniechef hatte ihn für die Verleihung des EK II vorgeschlagen, und darauf wartete Teichmann, ohne dass er es sich vor den anderen anmerken ließ. Er gierte nach Belobigungen und der Anerkennung seiner Mustergültigkeit.

Als Teichmann die Gruppe 3 des 1. Zuges übernommen hatte, war er bald auf passiven Widerstand gestoßen. Die Oberschnäpser und Gefreiten hatten sich über ihn mokiert und nahmen ihn erst für voll, seit er bei den Kämpfen um Wiborg seinen Mann gestanden und die Gruppe nach heftigen Kämpfen ohne Verluste wieder herausgebracht hatte.

»Spinnerter Teifi«, pflegte Loisl Brunner, der älteste Obergefreite der Gruppe 3, zu sagen, oder »Damischer Ritter«.

In dem Obergefreiten Alois Brunner, dem vorhergehenden Gruppenführer, fand Teichmann anfangs den heftigsten Widerpart, der keine Gelegenheit vorübergehen ließ, ihm, dem Narren, klarzumachen, wer schon länger am Feind war, und dass es ratsam wäre, die alten Oberschnäpser und Frontschweine als die »Stützen der Wehrmacht« anzuerkennen, als das schon sprichwörtlich gewordene »Rückgrat der Armee«. Man wünschte im Umgang mit sich und dem Ranghöheren eine gewisse Saloppheit, eine Jovialität, die beileibe keine plumpe Vertraulichkeit zu sein brauchte.

Es dauerte eine Zeit, bis Teichmann begriff, dass er hier nicht herumkommandieren und im Kasernenhofstillstil verfahren konnte; es dämmerte ihm alsbald, dass seine Leute, denen er Befehle geben musste, keine Puppen waren, sondern im Laufe der sechs Kriegsjahre gelernt hatten, die Tatsachen realistisch zu sehen und die Lage zuverlässig einzuschätzen.

»Wissen S', Herr Oberjäger«, hatte vor einiger Zeit der Loisl zum Teichmann gesagt, »hier an der Front gilt der Soldat ein wengerl mehr als daheim im Kasernenhof. Drum plärrn S' net so rum und san S' schön friedlich. Auf solchene Weis kemma wir bestimmt guat miteinander aus und dös wolln wir doch. Oder net?«

Und dabei schaute der Loisl den Teichmann mit seinen schwarzen Kulleraugen so treuherzig an, dass Teichmann antworten musste: »Schön, Obergefreiter Brunner, versuchen wir es so rum.«

Worauf der Loisl grinsend erwiderte: »Den Obergefreiten können S' Eahna schenka, Herr Oberjäger. Sagen S' einfach Brunner oder Loisl zu mir, dös passt mir am besten.«

Seither rief Teichmann seine Mannen nur noch mit Familiennamen, und so ging es ganz gut. Was Teichmann aber insgeheim dachte, das ließ er sich nicht anmerken.

Im Bunker war es schon dunkel geworden. Ein Hindenburglicht flackerte auf einer leeren Munitionskiste. Auf dem linken Lager spielte jemand auf einer Mundharmonika; es war ein gedankenvolles Musizieren, ein klangvolles Variieren von sentimentalen Weisen, mal volkstümlich, mal in bekannte Schlager überwechselnd.

Alois Brunner, der Mechaniker aus Berchtesgaden, lag auf dem Rücken, die Beine angezogen, und spielte. Er hielt die Augen geschlossen. Am MG-Tisch gurteten zwei Soldaten Munition: der Obergefreite Ernst Amann aus Dachau und Franz Lämmer. Lämmer war erst vor acht Wochen durch einen Granatsplitter am Kopf verwundet worden, hatte sich aber nicht heimschicken lassen, sondern war nach kurzer Behandlung am Verbandsplatz und ohne sich dort abzumelden wieder zur Kompanie zurückgekehrt. Seitdem litt er oft unter Kopfschmerzen und Schlaflosigkeit, machte davon aber kein Aufheben. Er war ein stiller Mensch, der jederzeit half und an seinen Kameraden hing; deshalb wollte er sich auch nicht irgendwohin in ein Lazarett abschieben lassen.

»Man schickt mich sowieso wieder an die Front«, sagte er. »Da ist's mir lieber, ich bleib gleich da.«

Von Beruf war er Bäcker; er stammte aus Würzburg, wo er im Betrieb seiner Eltern half.

Auf der linken Bunkerseite lagen zwei weitere Gestalten auf den Decken. Die eine, es war der Gefreite Walter Drexler, ein Münchner, schlief, die andere reinigte sich, auf dem Rücken liegend und die Beine übereinandergeschlagen, mit dem Taschenmesser die Fingernägel. Es handelte sich um den Gefreiten Ferdinand Koch, von Beruf Kellner und in Ruhpolding daheim.

Der siebte Mann der Bunkerbesatzung, der bullige Toni Weiß, ein Fuhrknecht aus Aschau, stand unweit des Bunkers auf Posten.

Teichmann saß im Lichtkreis des Hindenburglichtes und stopfte eine Socke. Sein knochiges Gesicht war über die Arbeit gebeugt. Er führte die Nadel mit auffallend langen und dünnen Fingern. Sein weizenblondes Haar war bürstenartig geschnitten, und die Brille hing mit ihren grauen Bändern hinter den abstehenden Ohren.

»Es hört auf zu regnen«, sagte Amann und warf einen Blick durch die linke Schießscharte. »Wie spät haben wir's denn schon, Herrschaften?«

»Viertel nach viere«, ertönte es von links, wo Ferdl lag. Er hatte einen Blick auf die Armbanduhr geworfen.

Das Mundharmonikaspiel brach ab.

»Zeit wär's, dass 's Fressen rankommt.« Brunner setzte sich auf und klopfte die Mundharmonika in die Handmuschel. »Wo nur der Lorenz bleibt, der müsst doch schon längst da sein.«

Teichmann biss den Wollfaden ab und sagte mit schnarrender Stimme: »Jemand muss raus und zum Gefechtsstand. Wer geht freiwillig?«

Schweigen.

»Na los, Herrschaften«, ließ sich Teichmann mit leichter Ungeduld vernehmen und stand auf. Sein Kopf reichte bis zur Bunkerdecke. »Jemand muss nach Laksa rüber.«

»Zu was?«, kam es von rechts. Brunner schob die Mundharmonika in die Brusttasche seiner abgetragenen Uniformjacke. »Die Lage ist unverändert, Herr Oberjäger: Russki hat das Feuer eingestellt, Regen hat aufgehört, wir sitzen da und warten auf den großen Sieg.«

Teichmanns Brillengläser funkelten matt, sein Gesicht wurde ärgerlich.

»Sparen Sie sich Ihre Sottisen, Brunner; es hat Sie niemand um Ihre Meinung gefragt.«

»Sottisen?« Brunner grinste schief. »Was ist denn dös wieder? So a Wort hab ich noch nie gehört.«

»Man kann auch ›dumme Redensarten‹ sagen«, erwiderte Teichmann schroff.

»Ach so«, spottete Brunner, »dumme Redensarten nennt man's in Ihren Kreisen, wenn man vom Endsieg redet? Dös muss ich mir merken, Herr Oberjäger.«

Teichmann machte den Mund auf, um Brunner zurechtzuweisen, ließ es aber sein und fragte dann noch einmal: »Also – wer gcht?«

»Ich!«, kam es vom MG-Tisch her. Lämmer rutschte von der Tischkante, ging zum Wandbrett, holte den Stahlhelm herunter, zog die an einem Zipfel aufgehängte Zeltbahn vom Nagel und schlüpfte hinein; dann nahm er den Karabiner, probierte den Sitz des Mündungsschoners und trat zu Teichmann. Mit gleichgültiger Stimme sagte er: »Melde mich ab nach Laksa.«

Teichmann nickte dienstlich.

»Schauen Sie mal nach, wo der Lorenz bleibt, und wenn Sie Feldwebel Danzer treffen, sagen Sie ihm, dass unser Waffenöl zu Ende gegangen ist.«

»Jawohl.« Lämmer grüßte lasch und verließ den Bunkerraum mit schleppenden Schritten.

Er schlich die Erdstufen herauf, schob die Zeltbahn des Einganges zur Seite und blieb stehen.

Man konnte sein unrasiertes Gesicht jetzt deutlicher erkennen. Es sah kränklich aus und alt. Am Haaransatz über dem rechten Auge klebte ein verschmutztes Pflaster. Lämmer betastete es, murmelte etwas und setzte dann vorsichtig den Stahlhelm auf.

Der noch im Schädel steckende Granatsplitter schmerzte heftig, und Lämmer verzog leicht das Gesicht. Dann hängte er umständlich den Karabiner über und wollte gehen.

Da erscholl von links eine tiefe Stimme: »Sakra, warum werd ich denn net abgelöst? Die zwoa Stunden san doch längst um!«

Es war der bullige Toni Weiß, der weiter drüben in einem tiefen Schützenloch, von dem aus man das freie Gelände überschauen konnte, auf Posten stand. Man sah ihn nicht, man hörte nur seinen bayerischen Bierbass aus den Büschen.

»Muss gleich soweit sein«, rief Lämmer hinüber. »Der Teichmann passt schon auf, dass du net über die Zeit stehst.«

»Und wo bleibt 's Futter?«, kam die Frage aus dem Busch.

»Ich geh mal nachschaun, wo der Lorenz bleibt.«

»Ist er noch net da, der Hammel?«

»Nein.«

»Wannst ihn siehst, sagst ihm, dass ich ihm demnächst a Raketen einbau, damit er a wengerl schneller hin und z'ruck kimmt, verstanden!«

Lämmer setzte sich in Bewegung und ging den Pfad entlang. Von den Bäumen tropfte die Nässe, der Wald roch nach Moder. Es dunkelte schon langsam.

Wie schnell jetzt die Tage zu Ende sind, dachte Lämmer. Und geschneit hat es heute auch zum ersten Mal. Werden wir noch einen Winter in Russland verbringen? Das wäre scheußlich. Ich weiß nicht, ob ich das durchstehe. Vielleicht melde ich mich doch beim Sani und lass mich heimschicken. Aber wie soll das gehen? In welche Richtung müssten sie mich schicken? Die Russen stehen überall, und der Weg nach Norden bis Petsamo oder Kirkenes ist so weit wie von hier nach Königsberg, und die Russen sind sicher nicht mehr weit von Königsberg weg. Wie soll das enden? Wo ist das Loch, durch das wir schlüpfen können?

Lämmer tastete sich mit der Linken an den triefenden Büschen entlang, stolperte einmal und fing sich wieder. Der Granatsplitter im Schädelknochen tat weh, der Schmerz schoss tief ins Genick hinein.

Ich schaff es nimmer, kam es Lämmer plötzlich zum Bewusstsein. Ich muss mir das Ding rausnehmen lassen, sonst werd ich noch verrückt. Ich kann nimmer schlafen, und der Schädel tut mir den ganzen Tag lang weh.

Die Lichtung zeigte sich. Nebeldunst kroch über sie hinweg, wogte träge hin und her. Der zerschossene Baumstamm ragte wie ein schwarzer, riesiger Zeigefinger ins Grau. Es war dämmerig geworden.

Lämmer blieb stehen, ehe er aus dem Wald trat. Es kam ihm vor, als röche es nach Pulver ... und nach noch etwas anderem: nach ... nach Maggi! Ja, nach Maggi!

Komisch, warum riecht es hier so stark nach Maggi? Lämmer schnupperte intensiv und war ganz sicher, dass es in der Umgebung nach jener Suppenwürze roch, die einem schon zum Halse raushing und Widerwillen aufsteigen ließ.

Er tat ein paar Schritte vor und plötzlich sah er etwas Dunkles, Viereckiges im gelblichen Gras liegen. Er ging rasch darauf zu und bückte sich. Der Verpflegungskanister lag da. Die Graupensuppe war ausgelaufen und lag als große grauweiße Breimasse im Gras.

Lämmer erschrak. Was sollte das bedeuten? Der Lorenz ...

Mit aufgerissenen Augen schaute Lämmer sich um, ängstlich und verwirrt war sein Blick, halb offen der Mund.

»Lorenz!«

Der Ruf schallte über die Lichtung und blieb ohne Echo. Ganz fern rumpelte Geschützfeuer. In Richtung Laksa war alles still. Im Wald knisterte die Nässe.

»Looooorenz!« Hohl tönte der Ruf ins Leere und verhallte.

Es hat ihn erwischt, dämmerte es dem Obergefreiten, und zugleich empfand er eine eigenartige Schwere in den Gliedern, dazu ein dumpfes Dröhnen im Schädel. Vorhin ... da hat's hier reingehauen! Ein paar Mal! Und wir haben dagesessen, und der Loisl hat gesagt: »Dass die so viel Munition verschwenden!« Und der Ernst Amann hat gelacht und erwidert: »Wenn sie's haben, warum net? Uns treffen sie sowieso net!« Aber den Lorenz hat's getroffen! Ich muss ihn suchen! Das arme Schwein!

Franz Lämmer fing mit der Suche an, erst rings um den Kanister und die eklige Graupensuppe, dann weiter im Halbkreis – bis zu den Granattrichtern.

Dort lagen ein verschlammter Knobelbecher und ein paar Meter davon ein Tuchfetzen, halb verbrannt.

Lämmers Hände zitterten. Kalter Schweiß brach ihm aus. Stumm starrte er auf die Spuren des Todes nieder, immer nur einen Gedanken im dröhnenden Kopf: Den Lorenz hat's erwischt, so kurz vorm End!

Lämmer hatte nicht mehr die Kraft, über die Lichtung nach Laksa zu gehen. Es drängte ihn, auf dem Absatz kehrtzumachen und zum Bunker zu rennen, zu brüllen, sie alle herauszuholen und ihnen zu sagen, dass es den Lorenz ...

Was lag dort? Dort drüben am Fuß des großen Wacholderbusches erkannte er im Zwielicht etwas Dunkles, Rundes ... Lämmer ging langsam darauf zu, bückte sich ... und stieß einen röchelnden Laut des Entsetzens aus. Er warf den linken Arm vors Gesicht und wimmerte. Vor dem Wacholderbusch, im nassen, farblosen Gras lag ein abgerissener Kopf, darauf, schief, verbeult und rauchschwarz, der Stahlhelm. Zwei glasige Augen, ein schwarzes, aufgerissenes Mundloch, ein verbranntes Gesicht.

»Leut! Leut!«, gurgelte Lämmer, dann drehte er sich um und stolperte schreiend davon: »Leut, kommt's doch ... der Lorenz ... sein Kopf ... sein Kopf ...!«

Die im Bunker unterhielten sich, und Teichmann zog die Taschenuhr auf. Noch zwei Minuten, dann musste Brunner den Weiß auf Posten ablösen. Bei Teichmann ging es genau zu, auf die Minute genau, »Und ich sag, dass man auch giftige Schwammerln essen kann«, ließ sich gerade der Ferdl vernehmen.

»Du spinnst ja«, erwiderte Loisl. »Da wirst unter Garantie hin.«

»Koa Spur, Loisl. Wenn du die Schwammerl in Milch abkochst, sind sie essbar.«

»Haha, da trink ich die Milch lieber, Freund!«

»Still!«, rief Teichmann scharf. »Horcht mal! Was ist denn das?«

Sie lauschten. Von draußen drang dumpfes Jammern und Geschrei. Die tiefe Stimme Tonis ertönte. Dann polterten Schritte die Erdstiege herunter. Franz Lämmer wankte herein, grau im Gesicht, die Augen weit aufgerissen. Hinter ihm stand der einsneunzig große Obergefreite, der Toni, und rief über Lämmer hinweg:

»Der hat den Verstand verlorn, Leut! Helft ihm! An Eimer Wasser her, dass er wieder normal wird!«

Die Landser drängten heran. Teichmann packte den scheinbar geistesabwesenden Lämmer an den Schultern und rüttelte ihn.

»Lämmer, was haben Sie! Sind Sie übergeschnappt?«

»Der Kopf ... der Kopf«, stammelte Lämmer.

»Was für ein Kopf?«, rief Teichmann aufgeregt.

»Dem ... dem Lorenz seiner ... ooo ...« Mit einem Ächzen knickte Lämmer zusammen.

Viele Hände fingen ihn auf.

»Legt ihn hin«, befahl Teichmann.

Man bettete Lämmer auf sein Lager. Teichmann kniete nieder, zog ihm die Zeltbahn vom Körper, knöpfte die Feldbluse auf, schob das Hemd hoch und massierte die Herzgegend des Ohnmächtigen.

»Durchgedreht«, sagte jemand. »Der ist ja total durchgedreht.«

»'s muss was passiert sein«, ließ sich Tonis Bass vernehmen. »Wie a Wilder ist er angerannt kommen und geplärrt hat er, als wärn tausend Teufel hinter ihm her.«

Lämmer bewegte den Kopf und lallte etwas. Es war ein Name: »Lorenz«.

»Brunner, Amann«, befahl Teichmann aufschauend, »seht nach, was los ist.«

Sie gingen wortlos, und wenig später wussten sie, warum Franz Lämmer einen Nervenzusammenbruch bekommen hatte.

Sie sammelten die wenigen Reste des Kameraden zusammen und begruben sie am Waldrand. Dann kehrten sie stumm in den Bunker zurück und wuschen sich mit dem aufgefangenen Regenwasser die Hände und die verstörten Gesichter.

Niemand sprach.

Sie saßen im Lichtkreis der spärlichen Beleuchtung und starrten vor sich hin. Der Toni hatte sich langgelegt und schlief. Lämmer lag wie tot auf den Decken. Man hatte ihm ein nasses Handtuch über Stirn und Augen gelegt. Er atmete kaum; nur manchmal entschlüpfte dem halb geöffneten Mund ein Stöhnen, und dann schauten alle zum Deckenlager.

Das Schweigen war dunkel und schwer. Teichmann brach es als Erster.

»Es muss ihn erwischt haben, als wir heut Nachmittag die Einschläge gehört haben.«

Brunner nickte. »Er hat net viel gespürt.«

»Wir müssen es dem Zugführer melden«, sagte Teichmann.

Keiner rührte sich, nur Weiß schnarchte pfeifend.

»Komisch, dass sich nirgendwo was rührt«, ließ sich der Ferdl vernehmen. »Ganz stad ist's ringsum.«

Alle schwiegen. Im Ofen knackten die dürren Holzzweige.

Da stand Teichmann auf und nahm das Koppel mit der Pistolentasche vom Haken.

»Brunner, übernehmen Sie das Kommando. Ich geh zum Zug und melde, was passiert ist.«

»Jawohl«, grunzte der Obergefreite.

Teichmann zog den zerknitterten Mantel an, schnallte um und setzte den Stahlhelm auf, dann suchte er die Taschenlampe, probierte sie aus, schob die Grün-Blende ein und verließ den Bunker.

Brunner stand auf und ging zu Lämmer hinüber, beugte sich über ihn und legte ihm die Hand auf die Stirn.

»Wie geht's dir, Franzi?«

Der Kranke ächzte und wackelte mit dem Kopf.

»Tut dir der Schädel weh, Franzi? Hast Schmerzen?«

»Der ... der Kopf ...«, flüsterte Lämmer, »der Kopf.«

Brunner lächelte matt. »Vergiss es, Franzi ... denk nimmer dran. Der Lorenz steht nix mehr aus.«

Brunner erhob sich und ging zum Wandbrett. Dort lag eine angebrochene Packung »Eckstein«.

Brunners große Hand zitterte, als er eine Zigarette herausnahm, sie zwischen die Lippen schob, sich zum Licht bückte und die Zigarette anbrannte. Zischend stieß er den Rauch durch die Zähne. Sein Blick blieb auf Lämmer haften.

»Buam«, murmelte er, »ich frag mich immer öfter, was dös alles noch für an Sinn haben soll.«

Es antwortete niemand.

Drexler schlurfte zum MG-Tisch und spähte lange durch die Schießscharte in die Nacht hinaus. Dann drehte er sich um und sagte halblaut:

»Der Mond kommt raus, 's wird hell draußen. Drüben rührt sich nix.«

Jemand gähnte.

»Wer macht a Spiel mit?«, fragte der Ferdl. »Tarokken ist besser als Nachdenken. Los, Walter, rück 's Spiel raus, und tun wir was, sonst steigen uns a noch d' Grausbirn auf!«

Sie begannen, Karten zu spielen.

Inzwischen bewegte sich die lange Gestalt des Oberjägers über die Lichtung. Keinen Laut vernahm er außer dem leisen Quatschen seiner Schritte auf dem noch regennassen Pfad. Der Mond kam hinter den langsam gegen Südwesten abziehenden Wolken hervor und streute ein fahles Licht über den Wald.

Teichmann ging jetzt den Trampelpfad auf der anderen Seite weiter. Nach wenigen Minuten blitzte ein mattes Grünlicht zwischen den Bäumen auf, und Teichmann suchte den abzweigenden Pfad zur Stellung der 1. und 2. Gruppe. Der grüne Lichtschein leuchtete den Pfad entlang und blieb an einem Stock haften.

An diesem hatte sich immer ein blauer Wegpfeil befunden. Jetzt war er verschwunden. Nur noch der Stock stak im Boden.

Teichmann schaltete die Taschenlampe aus und lauschte. Aber so sehr er sich auch anstrengte, er vernahm keinen Laut. Nur die Nässe tropfte von den Bäumen ins Unkraut.

Da! Was war das?

Teichmann horchte regungslos in Richtung des Dorfes. Von dort ertönte das Brummen von Lastwagen, und dazwischen klirrte etwas. Panzerketten!

Haben wir Verstärkung bekommen? schoss es ihm durch den Kopf. Aber dann fiel ihm erneut die Ruhe hinter den Büschen, am Ende des Pfades auf. Kein Laut. Keine Bewegung. Keine leisen Stimmen.

Ich muss nachsehen, beschloss er und hastete den Pfad weiter.

Nach knapp hundert Metern hatte er die Stellungen erreicht. Kein Posten rief das »Halt«. Nichts rührte sich.

»Hallo, Feldwebel Danzer!«

Teichmann rief es halblaut und erschrak vor seiner eigenen Stimme, die im raschelnden Dunkel verhallte.

Die Taschenlampe blitzte grün auf, der matte Strahl wanderte bis zum Eingang eines Grabens, blieb auf wirr herumliegenden, leeren Kisten haften, auf altem, durchnässtem Zeitungspapier, glitt weiter und erreichte einen zerfledderten Strohsack, einen umgeworfenen alten und zerbeulten Waschkessel.

Sie sind fort, schoss es Teichmann durch den Kopf. Alle sind weg! Wohin? Was war los?

Er stolperte in den Graben und gelangte in die verlassene Stellung. Der grüne Lichtschein irrte über zurückgelassenes Gerümpel, über die leeren Nischen, in denen die Waffen eingebaut gewesen waren. Am Boden lag eine zerfetzte, verschmutzte Zeltbahn.

Teichmann stürzte durch den schmalen Laufgraben und gelangte in die Stellung der 1. Gruppe. Dort fand er dieselbe erschreckende Verlassenheit und Stille.

Da wusste Teichmann, dass die Kompanie fort war, dass der Abmarschbefehl gekommen war und man aus irgendwelchem Grunde vergessen hatte, den Waldbunker der Gruppe 3 zu verständigen.

Vielleicht sind sie im Dorf, dachte Teichmann und hastete den Weg zurück. Er lief den verworrenen Geräuschen entgegen, die aus Laksa durch die Dunkelheit drangen. Teichmann glaubte, dass eine motorisierte Einheit die 3. Kompanie abgelöst habe oder dass man in Laksa noch beim Sammeln wäre. Er dachte an den toten Lorenz und vermutete, dass dieser den Abmarschbefehl hätte bringen sollen.

Das Schnurren und Brummen in Laksa kam näher und näher. Teichmann schwitzte, und der Mantel wehte ihm um die langen Beine.

Jetzt traten die Waldbäume zurück, und der Weg hatte Laksa erreicht. Links und rechts standen kegelförmige, vermoderte Heuhaufen zwischen zerfallenen Schuppen. Aus dem Dorf drang ungenierter Lärm. Stimmen wurden laut. Lichter bewegten sich.

Teichmann blieb heftig atmend stehen. Was ist das? Licht, wo der Feind nah ist? Lärm, der kilometerweit zu hören ist? Was ist da los?

Ein Gefühl mahnte ihn zur Vorsicht, eine bange Ahnung überkam ihn. Behutsamer wurde sein Schritt, langsam schob er sich auf die ersten Häuser zu, zwischen denen reges Treiben herrschte. Gestalten liefen umher, und jetzt dröhnte ein Panzermotor, klirrten die Ketten.

Teichmanns Herz fing an zu hämmern. Eine beklemmende Nervosität brachte die Knie zum Zittern.

Wie ein Schatten glitt er zum ersten Haus vor. Der Mond hatte sich wieder hinter einer Wolke versteckt, aber es war dennoch hell genug, die Einzelheiten auf der Dorfstraße und zwischen den Häusern erkennen zu können.

Eine ganze Kolonne großer Lastwagen stand auf dem kleinen freien Platz, wo der Ziehbrunnen lag, und auf der Straße bewegte sich ein Haufen Gestalten in langen Mänteln. Raues Gelächter ertönte, Stimmen, ein Ruf.

»Kuda?«

»Sa wodoi!«

In Laksa wimmelte es von Rotarmisten! Panzer waren aufgefahren! Kolonnen von großen Lastwagen!

Teichmann stand wie angewurzelt im Schatten der Holzkate und starrte auf das Treiben im matten Dunkel. Ihm war, als habe ihn jemand mit einem Hammer auf den Kopf geschlagen, er war unfähig, einen Entschluss zu fassen.

Er hörte nicht die Schritte nahen, er sah die Gestalt zu spät, die auf ihn zukam.

»Pjotr, ty batschyl twoj zlod?«, fragte ein baumlanger Russe.

Teichmanns durchfuhr ein eisiger Schrecken. Keinen Laut brachte er aus dem aufgerissenen Mund.

»Masch spitschki?«

Teichmann ahnte mehr als dass er wusste, was der Russe wollte.

»Njet«, sagte er. Es war so das einzige russische Wort, das er kannte. Gleichzeitig drehte er sich auf dem Absatz um und ging um das Haus herum. Als er bei der Rückwand angelangt war, begann er zu rennen. Er rannte, als wäre der Satan hinter ihm her, fiel über ein daliegendes Brett, sprang auf, stürzte weiter. Er rannte wie ein Irrer – den Pfad entlang, durch den Wald, über die Lichtung. Keuchend blieb er stehen, von taumeliger Schwäche überfallen, von einem Gefühl würgender Übelkeit.

Er sank nieder und blieb, nach Luft ringend, im Gras sitzen, nahm den Stahlhelm ab und wischte sich mit zitternder Hand den rinnenden Schweiß aus dem Gesicht.

Sie haben uns vergessen ... einfach zurückgelassen! Überall sind Russen, und wir sitzen mittendrin. Jetzt ist alles aus. Alles!

Teichmann fühlte sich zu erschöpft, um aufzustehen und weiterzulaufen. Der Gedanke, dass man jetzt allein zwischen lauter Feinden stand, war bestürzend, entsetzlich. Unwillkürlich fielen ihm sämtliche Gräueltaten ein, von denen er je gehört hatte – von ausgestochenen Augen, abgeschnittenen Gliedern, an Ästen verkehrt aufgehängten Gestalten.

Allmählich aber beruhigte er sich. Fieberhaft versuchte er, die Situation klar zu erkennen und einen Ausweg zu finden.

Was für einen Ausweg? Flucht? – Wenn die Russen in Laksa waren, waren sie in der ganzen Umgebung. Da gab es keine Lücke mehr, da gab es kein Loch. Sie hatten den Rest der Deutschen bis an die Landesgrenze zurückgejagt und hielten jetzt die Grenzlinie besetzt! Keine Maus kam da mehr durch! Gefangenschaft!

Aus ist der Krieg, dachte Teichmann und er empfand bei diesem Gedanken etwas wie Zorn auf Lorenz, der ins Granatfeuer rennen musste, anstatt sich vorzusehen, der sich vielleicht in Laksa bei den Kameraden verzettelt hatte.

Ein, zwei Sekunden früher wenn er losgegangen wäre, ging es Teichmann durch den dröhnenden Schädel, und es wäre ihm nichts geschehen, er wäre durchgekommen, wir hätten etwas von dem Abmarschbefehl erfahren!

Teichmann strich sich mit der Hand über das kurz geschnittene Haar und schnaufte verzweifelt. Aber was nutzten alle Mutmaßungen? Was hatte es für einen Zweck, über Lorenz nachzudenken? Es musste etwas geschehen, es musste genau überlegt und dann gehandelt werden.

Gefangenschaft? Nein! Das kam ganz zum Schluss. Wenn nichts mehr anderes übrig blieb!

Die lange Gestalt stand auf und ging weiter. Wenige Sekunden später verschwand sie zwischen den Büschen des Waldes. Der Mond kam wieder und streute fahles Licht über das Land.

Sie spielten Tarock und legten ihre Karten schonungsvoll leise auf den Tisch, um den Kranken nicht zu stören. Nur Toni Weiß schnarchte mit offenem Mund, obwohl Drexler gelegentlich mit dem linken Fuß hinüberangelte und den Schnarcher mehr oder weniger sanft zur Einstellung oder Mäßigung seines Röchelns und Pfeifens ermahnte.

Das Hindenburglicht brannte sich leer, die Schatten der vier Tarockspieler bewegten sich an den zeitungsverklebten Bunkerwänden.

»Mir macht's heut keinen Spaß«, sagte Drexler und gähnte. »Noch a Runden, dann gehn wir in die Horizontale. Einverstanden?«

Amann schaute auf die Uhr.

»Es ist noch zu früh. Hat jemand was Alkoholisches vorzuzeigen? Ein Schluck Schnaps tät mich freun.«

»Der Teichmann hat noch welchen«, sagte der Ferdl und mischte das eben beendete Spiel von Neuem. »Dort hinten im Winkel.« Er deutete mit einer Kopfbewegung zur Lagerstatt des Gruppenführers. »A kloans Flascherl ›Dreisterne‹.« Der Ferdl zwinkerte listig.

»Geklaut wird net«, murmelte der Brunner.

»Sonst gibt's Tatbericht!« Amann sagte es im schnarrenden Ton des Gruppenführers und setzte dazu eine dienstliche Miene auf.

»Bin gespannt, wann der mal gemäßigter wird«, bemerkte Ferdl. »Ich mein, da muss es erst mal ganz dick kommen, ehe der normal wird.«

»Lasst ihn in Frieden«, ließ sich Brunner vernehmen. »Keiner kann aus seiner Haut raus, ein jeder ist so, wie er ist.«

Ferdl teilte das nächste Spiel aus. Die Karten segelten lautlos auf die am Tisch ausgebreitete graue Decke.

»Ich wett«, sagte Ferdl, »dass wir nimmer lang hier hocken bleiben und in den nächsten Tagen abhaun. Ich hab's so im Gefühl, Herrschaften.«

Amann griff nach den Karten und steckte sie zurecht. »Sicher. Den Winter werden wir wohl in Kirkenes, vielleicht auch in Narvik zubringen. Narvik wär mir lieber. Dort kenn ich zwoa nette blonde Reh.« Ausführlich begann er zu erzählen, als plötzlich oben polternde Schritte ertönten.

»Der Herr Doktor kommt«, witzelte Brunner. »Bin gespannt, was er für Nachrichten bringt.«

Teichmann kam die Erdstufen herunter. Vier unrasierte Gesichter schauten ihm entgegen.

»Na?«, fragte Brunner, dem zuerst auffiel, wie verstört Teichmann dreinblickte. »Was Neues drüben?«

Teichmann nickte, zog erst den Mantel aus, hängte ihn an den Platz, kam heran und ließ sich auf die Ecke des MG-Tisches sinken.

»In Laksa ist alles voller Russen.«

Schweigen.

Vier unbewegliche Gesichter starrten auf Teichmann, ungläubige Gesichter, vom unruhigen Licht der Beleuchtung erhellt. Brunner schob sich langsam von der Munitionskiste hoch, Ferdl legte die Karten auf die Decke, Drexler schob sie zusammen, und Amann blinzelte konsterniert.

»Waaas...?«, fragte Brunner.

Teichmann nickte. »Russen im Dorf. Die unseren sind abgerückt. Die Stellungen sind leer.« Er wischte sich mit der knochigen Hand übers Gesicht. »Ich hab gedacht, ich sehe nicht recht, Kameraden.«

Niemandem fiel auf, dass Teichmann zum ersten Mal, seit er hier war, »Kameraden« gesagt hatte.

Jetzt kam Bewegung in die vier. Amann sprang auf und spähte aus den Schießscharten.

»Draußen ist nix zu sehn«, sagte er.

»Sie sind auf der Straße nach Laksa gekommen«, erwiderte Teichmann. Dann schilderte er, was er gesehen hatte.

Der Toni war jetzt auch wach. Er saß auf dem Lager und starrte mit offenem Mund auf Teichmann.

»Tschja«, schloss dieser heiser, »so ist die Lage, meine Herren. Wir müssen überlegen, was zu tun ist.«

»Ja Himmikruzitürkensauelement ...«, fing Brunner an zu fluchen, »warum hat man uns denn nix wissen lassen? Sind wir denn ...«

Dort, wo Franz Lämmer lag, ertönte ein wehes Ächzen, dann der dumpfe Aufschrei:

»Der Kopf ... der Kopf ... Looorenz!« Lämmer fuhr vom Lager auf und stierte um sich. Sein Blick war leer, fremd. »Leut, nehmt doch den Kopf dort weg!«

Teichmann ging zu dem Kranken, drückte ihn sanft nieder und murmelte beruhigend:

»Schlafen Sie, Lämmer ... es ist ja alles in Ordnung.«

Lämmer schien für ein paar Augenblicke klar zu werden. Ein mattes Lächeln huschte über sein Gesicht; er nickte, legte sich wieder hin und fragte müde:

»Wie spät ist's denn schon?«

»Halb neun«, sagte Teichmann und deckte den Kranken fürsorglich zu.

Lämmer schloss die Augen.

»Und schon so finster«, murmelte er. »Schon so finster. Der Winter kommt bald.«

Teichmann nahm das weggerutschte Handtuch, tauchte es in den mit Wasser gefüllten Marmeladeneimer, wrang es aus und legte die Kompresse auf Lämmers Stirn.

»Dank schön, Herr Oberjäger«, murmelte Lämmer. »Das tut gut, das ist so schön frisch.«

Teichmann nickte nur. Als er aufsah, begegnete er den Gesichtern der anderen.

Teichmann legte den Finger auf den Mund. Sie verstanden, und dann ging einer nach dem anderen hinaus und wartete draußen. Zum Schluss kam Teichmann aus dem Bunker gestiegen und sagte halblaut:

»Kein Wort vor Lämmer, Leute. Ich bin sicher, dass er ... Ihr wisst, was ich meine, nicht wahr?«

»Dachschaden«, murmelte jemand.

Das Gespräch fand vor dem Bunkereingang statt; es wurde sehr leise geführt.

»Es bestehen keine Zweifel«, sagte Teichmann, »wir sind von der Kompanie buchstäblich vergessen worden. Ich vermute, dass der Abmarsch wegen des starken Beschusses beschleunigt wurde. Lorenz fiel, bevor er uns verständigen konnte. Wir sitzen mitten zwischen den Feinden und müssen gemeinsam überlegen, was wir tun sollen.«

»Ich bin für Abwarten«, ließ sich Brunners ruhige Stimme vernehmen. »Kann doch sein, dass die Russen wieder abrücken.«

»Das ist nicht sehr wahrscheinlich«, erwiderte Teichmann. »Es sieht so aus, als wollten sie sich in Laksa festsetzen und dort in aller Ruhe einen Etappenbetrieb aufmachen.«

»Dös wär saudumm«, ließ sich der Bass Tonis vernehmen. »Dann kemma wir hier nimmer raus und können Amen sagen. Ja, pfui Teifi, is dös a miese Lag!«

»Sind auch Panzer da?«, fragte Amann.

»Ja. Ich konnte die genaue Anzahl nicht feststellen; es war zu dunkel. Jedenfalls ist das ganze Dorf voller LKW und Russen. Wir müssen damit rechnen, dass sie morgen früh die Gegend nach versprengten Truppenteilen von uns absuchen.«

»Und dann haben sie uns«, ergänzte Drexler. »Am besten ist's, wir hauen gleich ab.«

»Nein!« sagte Teichmann mit fester Stimme. »Wenn wir wie die Hasen losrennen, sind wir erledigt.«

»Wir sind's auch so«, murmelte Drexler. »Ich seh uns schon in Sibirien hinter Stacheldraht oder bei der Holzarbeit ... wenn uns net noch was Schlimmeres blüht.«

»Wie Spatzen unterm Sieb sitzen wir drin«, bemerkte Amann und fluchte. »Hier kommen wir nimmer raus!«

»Red net so blöd daher«, sagte Brunner ärgerlich. »Vielleicht ruckt der Iwan schon morgen zur Grenze ab, dann haben wir ja wieder Luft und können in Ruh überlegen.«

»Es ist eher zu befürchten«, sagte Teichmann, »dass die Roten den Trampelpfad finden und uns aufstöbern.«

»Dann knallt's«, erwiderte Brunner. »Lebendig kriegen die mich net, dös is gewiss.«

»Herrschaften«, mischte sich jetzt der Ferdl ein, »vergessen wir doch net, dass wir gut bewaffnet sind. Ich bin dafür, dass wir einen Durchbruch ...«

»Quatsch«, fuhr Brunner auf, »dabei täten wir alle mitsamt draufgehen! Wir vermasseln uns damit nur die Möglichkeit, still und leise davonzuschleichen. Drum sag ich noch einmal: Warten wir ab, was auf uns zukommt. Vorläufig sind wir hier am sichersten. Oder was meinen Sie, Herr Oberjäger?«

Teichmann hatte die anderen reden lassen, hatte gar nicht hingehört und die Lage nach eigenem Ermessen durchdacht.

»Was haben Sie gefragt?«, erwiderte er zerstreut.

»Was Sie von allem denken?«, wiederholte Brunner. »Sollen wir bleiben und abwarten oder sollen wir auf eigene Faust und gut Glück losziehn?«

»Wir bleiben.«

»Wahnsinn«, hörte man Amann ausrufen. »Ohne mich! Ich mach mich auf die Socken, und zwar gleich. Wer geht mit?«

»Sie werden genauso bleiben wie wir, Amann«, schnarrte Teichmann. »Ich verbiete Ihnen, hier aus der Reihe zu tanzen!«

Amann trat auf Teichmann zu, dicht heran. Und dann fragte er gedehnt: »Sie, hören S', juckt es Ihnen eppa noch immer am Hals? Wollen S' Krieg auf eigene Faust führn, ha? Wenn's so ist, dann haben S' genauso an Dachschaden wie das arme Schwein, der Lämmer.«

»Wie reden Sie mit mir?«, fuhr ihn Teichmann mit unterdrückter Stimme an. »Was fällt Ihnen ein, Amann!«

»Gebt Frieden!«, mischte sich Brunner ein. »Streit hilft uns jetzt koan Meter weit weg und ändert gar nix – Ernst, du bleibst. Solang wir alle beisammen sind, werden koane Extrawürst gebraten. Ich bin für das, was der Oberjäger sagt: Wir warten erst einmal ab.«

»Bis sie uns in die Pfanne haun, gell?« Amann stieß ein wütendes, nervöses Lachen aus.

Erst jetzt ließ sich auch der klobige Toni vernehmen, der bislang nur zugehört und bewegungslos im Kreis gestanden hatte:

»Hört mal her, Leut. Meiner Meinung nach bleiben die Russen net lang im Dorf. Was sollen sie schon dort? Die drucken auf die Grenz zu. I fress an Besen, wenn's net so ist.«

Der ruhige Bierbass des Aschauers wirkte klärend und beschwichtigend.

»Der Weiß hat recht«, sagte Teichmann. »Wir bleiben und warten ab, was passiert.«

Und wieder war es Amann, der mit gereizter Stimme rief: »Sie befehlen uns also die Gefangenschaft? Sie wollen, dass wir statt heim nach Sibirien wandern?«

»Die nächsten Stunden werden darüber entscheiden«, erwiderte Teichmann gelassen.

In diesem Augenblick kamen aus dem Tal schleifende und klirrende Geräusche. Es hörte sich an, als sei eine Truppe im Anmarsch. Deutlich trug die Nacht das Geräusch vieler Schnitte zum Waldrand herauf.

»Sie kommen«, rief jemand hastig. Der Ferdl wollte in den Bunker rennen, aber Teichmann hielt ihn am Arm zurück.

»Bleibem Sie, Koch!« Und zu den anderen: »Verteilt euch leise am Waldrand und beobachtet, was drüben vorgeht.«

Sie verteilten sich rasch und lautlos. Teichmann kroch auf die Bunkerdecke und spähte durch die Zweige des Heckenrosenstrauches. Der Blick hinüber war unbehindert. Mattes Mondlicht beschien die wellenförmig verlaufende Senke; man konnte fast jede Einzelheit erkennen.

Halb rechts bewegte sich eine dunkle Schlange, und von dorther kam auch das leise Klappern von Ausrüstungsgegenständen, das Schleifen der Füße.

Teichmann kniff die Augen zusammen und erkannte, dass eine ganze Kompanie im Gänsemarsch die Talsenke querte. Es musste sowjetische Infanterie sein, die von drüben seitlich herüberwechselte und auf Laksa zumarschierte. Auch ein paar berittene Gestalten konnte Teichmann erkennen.

Der Zug des Feindes sah geisterhaft aus. Das leise Klirren hörte sich drohend an. Ein Gaul wieherte kurz.

Neben Teichmann bewegte sich etwas; es raschelte, und dann ertönte Brunners verhaltene Stimme: »Ganz schön, was? Jetzt sieht man die Brüder endlich einmal. Dass so viele drüben gesteckt haben, hätt ich net denkt.«

Teichmann behielt die marschierende Schlange im Auge.

»Hören Sie, Brunner«, sagte er leise, »worauf es jetzt ankommt, ist Gemeinschaftsgeist. Zusammenhalten müssen wir, ein Ganzes werden. Ich weiß, dass ihr mich nicht hundertprozentig als Gruppenführer akzeptiert habt. Ich rede nicht euren Dialekt, ich bin euch zu preußisch. Darauf kommt's jetzt aber nicht an, Brunner. Hier muss einer befehlen. Wollen Sie es, oder soll ich die Gruppe weiterführen?«

Brunner war von diesem Angebot so überrascht, dass er momentan keine Antwort wusste. War dieser Teichmann feige? Wollte er sich aus der Verantwortung stehlen? Oder wie war sein Anerbieten sonst zu verstehen?

»Warum fragen S' mich das?«, raunte Brunner, neben Teichmann auf dem Bauch liegend.

»Weil Sie am längsten Soldat sind und mir bisher mehr oder weniger offenen Widerstand entgegengesetzt haben.«

»Nur dann, wenn S' zu zackig werden wollten, Herr Oberjäger.«

»Ich wollte Offizier werden.«

»Damit ist's jetzt wohl vorbei.«

»Ja, Brunner. Die dort drüben machen aus uns eine Masse aus besiegtem Feldgrau. Ich habe keine Veranlassung mehr, mich zackig, wie Sie sagen, aufzuführen. Ich will genauso überleben, wie ihr alle es wollt. Jetzt kommt es darauf an, dass einer da ist, der die Verantwortung trägt. Ich gebe sie nicht ab, weil ich davor Angst habe, sondern weil Sie, Brunner, Ihre Kameraden besser verstehen ... den Amann, den Drexler, den Koch. Wenn Sie sich zur Übernahme der Gruppe bereit erklären, bin ich nichts weiter als ein Soldat, der gehorcht.«

Was Teichmann gesagt hatte, beeindruckte Brunner. Nie im Leben hätte er geglaubt, dass dieser bröseldürre, von Dienstvorschriften durchdrungene Dortmunder zu einem derartigen Vorschlag und Entschluss imstande gewesen wäre. Brunner empfand Respekt vor Teichmann. Er sah ihn plötzlich ganz anders als die vielen Monate zuvor.

»Hören S', Herr Oberjäger«, sagte Brunner nach einer Pause, »ich bin dafür, dass sich in der Gruppe nix ändert. Jeder bleibt der, der er ist. Sie tragen weiterhin die Verantwortung ... wenn man bei uns überhaupt von einer solchen reden kann. Wir sind ein Haufen, der net auseinanderlaufen darf, weils grad einmal zappenduster ausschaut.«

»Ich danke Ihnen, Brunner.« Teichmann schob dem anderen die Hand hinüber. »Komisch, dass wir uns erst jetzt verstehen, was?«

»Ja«, murmelte Brunner und drückte die Hand Teichmanns, »das ist wirklich komisch.«

Sie beobachteten den vorüberziehenden Feind, die dunkle Marschkolonne. Diese verschwand langsam aus dem Blickfeld. Noch ein fernes, gedämpftes Klirren, dann wurde es still im matt erhellten Gelände zwischen hüben und drüben.

Von Nordosten her wuchs eine schwarze Wolkenwand empor; die Nacht würde kühl werden.

Sie waren wieder im Bunker und hatten ein neues Licht angezündet. Teichmann hatte eine kurze, halblaute Ansprache gehalten und alle aufgefordert, weder Kopf noch Nerven zu verlieren und die Situation vorerst scharf im Auge zu behalten.

Das Schweigen war zustimmend, nur Amann zeigte eine gewisse Gereiztheit, aber auch er war schließlich damit einverstanden, dass man abwarten sollte.

Lämmer schlief unruhig; sein Atem ging kurz, und er fieberte leicht. Schon allein seinetwegen konnte man jetzt nichts unternehmen. Er schien einen schweren Nervenschock erlitten zu haben, und Teichmann ahnte, dass man mit ihm noch Schwierigkeiten kriegen würde.

Da man noch nicht genau wusste, wie lange man hier festsitzen würde, war es notwendig, die vorhandenen Lebensmittel zu rationieren. Es war nicht viel, was jeder auf den MG-Tisch legte und der Allgemeinheit zur Verfügung stellte: anderthalb Brot, dann noch eine Konservenbüchse mit Streichkäse und eine angebrochene Büchse Tomatenmark. Ferdl brachte noch eine Tüte Malzkaffee zum Vorschein, und Teichmann überraschte die Kameraden damit, dass er neben den eisernen Rationen, bestehend aus acht Schweinefleischkonserven und ebensovielen Säckchen steinharten Knäckebrotes, plötzlich drei Päckchen Krüllschnitt auf den Tisch legte und sagte: »Ich rauche sowieso nicht, nehmt den Knaster und teilt ihn euch.«

Dann wurde beschlossen, den Wachturnus aufrechtzuerhalten. Auch Teichmann gliederte sich in diesen ein. Als Erster zog Brunner auf Posten, und zwar am Rande der Lichtung, weil angenommen werden musste, dass aus Richtung Laksa Entdeckungsgefahr drohte.

»Es darf von niemandem geschossen werden«, ordnete Teichmann an. »Werden wir entdeckt, ergeben wir uns kampflos.«

Niemand widersprach, und Brunner zog auf Wache. Die anderen legten sich hin und versuchten zu schlafen. Nur Teichmann blieb wach und setzte sich auf die leere Munitionskiste, in tiefes Nachdenken verfallend.

Plötzlich sagte Amann:

»Oberjäger, für wie groß halten Sie eigentlich die Chance, dass wir von hier nach drüben, über die Grenze kommen?«

Teichmann schaute zu Amann hinüber.

»Tja, ich weiß nicht recht, Amann. Wir müssen erst einmal feststellen, wie und wo die Russen längs der Grenze aufmarschieren.«

»Glauben Sie, dass sie Finnland besetzen?«

»Das ist möglich.«

»Dann sind wir restlos im Eimer«, erwiderte Amann.

Teichmann schwieg. Ihm kam es in diesem Moment so vor, als sei alles, was man beschlossen hatte, Unsinn – nur ein Hinausschieben des Endes, ein feiges Warten auf etwas, das nie kommen konnte. Man war eingeschlossen, man saß in einer Falle, aus der es keinen Ausweg mehr gab. Und dennoch! Teichmann reizte es, die Kunst des Überlebens zu erproben, das Schicksal herauszufordern, mit ihm zu rechten. Im Krieg geschehen die unmöglichsten Dinge! Sie, die hier in der Falle saßen, waren nicht die Ersten, denen so etwas widerfuhr. Wie oft hatte man gehört, dass es eingeschlossenen Landsern doch noch gelungen war, die Umklammerung des Feindes zu durchbrechen oder ein Loch zum Durchschlüpfen zu finden.

»Amann«, ließ sich der Gruppenführer halblaut vernehmen, »wissen Sie, wie eine Gefangenschaft bei den Russen aussieht?«

»Ich kann mir's lebhaft vorstellen«, murmelte Amann.

»Erst Verhör«, fuhr Teichmann nachdenklich fort, »dann Abmarsch in ein scheußliches Lager. Warten. Verrat in den eigenen Reihen. Lange Züge, die tagelang rumpeln. Sibirien. Die Zeit hört auf, bleibt stehen. Man ist gestorben ... Nein, Amann, Gefangenschaft ist wirklich das letzte.«

Amann richtete sich auf und stützte sich auf den Ellenbogen.

»Wir müssen durch, Oberjäger. So oder so! Drum find ich es unsinnig, dass wir hier hockenbleiben und warten, bis sie uns einkassieren und nach Sibirien schicken. Dagegen lehne ich mich auf, solang ich schnaufen kann.«

Teichmann nickte abwesend. Er schien in Gedanken weit weg zu sein. Und dann murmelte er:

»Ich bin mir sicher, dass es besser ist zu warten. Gingen wir jetzt los, wir kämen nicht weit, und der Weg wäre schnell zu Ende.«

»Ich bin auch fürs Abwarten«, ließ sich Drexler vernehmen und gähnte. Dann warf er sich am Lager herum und murmelte: »Mir ist jetzt alles wurscht und egal. Der Krieg ist so und so zu End für uns. Gute Nacht, meine Herrschaften.«

Es folgte ein gespanntes Schweigen. Amann starrte unentwegt zur Bunkerdecke hinauf, als läge dort oben die Lösung aller Dinge. Plötzlich fragte er Teichmann:

»Oberjäger, warum haben Sie auf einmal keinen Schneid

mehr? Wenn irgendwo was los war, waren Sie immer vornedran.« Er drehte den Kopf und schaute herüber. »Vielleicht, weil's da was zu verdienen gab, Oberjäger? A bissel Blech, a Urkunde! Oder täusch ich mich?«

Teichmann nahm mit einer bedächtigen Bewegung die Brille ab, zog das Taschentuch und begann, umständlich die Gläser zu putzen. Ohne Brille sah er übermüdet aus; seine kleinen Augen waren entzündet und feucht; sie blinzelten nervös.

Was Amann da gesagt hatte, war eine Frechheit, auf die er am liebsten gar nicht geantwortet hätte. Die Frage bewies, wie er seinen Gruppenführer einschätzte: ein Streber, der nur im Schutz der großen Gemeinschaft etwas leisten wollte, und der sich entschlusslos und feige zeigte, sobald er nur auf sich selbst gestellt war.

»Hören Sie, Amann«, sagte Teichmann leidenschaftslos, »ich gebe zu, dass ich mich an der Front bewähren und hervortun wollte. Ich wollte Offizier werden und ich hätte auch eine Auszeichnung nicht zurückgewiesen. Ich gebe sogar offen zu, dass ich auf die Verleihung des EK gewartet habe. Ich bestreite aber entschieden das, was Sie mir jetzt vorgeworfen haben.«

Amann grinste listig. »Was hab ich Ihnen denn vorgeworfen?«

Teichmann setzte erst die Brille auf, bevor er antwortete; dann sagte er gelassen:

»Sie denken, ich wäre, seit wir hier sitzen, ein Feigling geworden, der keinen Mumm mehr hat.«

»Jedenfalls macht es mich stutzig, dass Sie hierbleiben wollen, Oberjäger.«

Teichmann stand rasch auf. Die Brillengläser blitzten wieder.

»Irrtum, Amann!«, sagte er gepresst. »Ich will lieber draufgehen als kapitulieren, aber ich überstürze nichts und will nicht einfach drauflosrennen, sondern herausfinden, wo wir echte Chancen zum Durchkommen haben. Wenn Sie das nicht erwarten können, dann ... dann halte ich Sie nicht mehr zurück, und Sie können abhauen. Verstanden?«

Ohne eine Erwiderung abzuwarten, verließ Teichmann den Bunker, ohne Mantel, barhäuptig. Das dumpfe Geräusch seiner Schritte verlor sich nach oben.

Amann richtete sich auf und holte sich vom MG-Tisch ein Päckchen Krüllschnitt, dann aber zögerte er und warf es wieder hin. Er wollte Teichmanns Tabak nicht rauchen.

Drexler drehte den Kopf über die Schulter zurück und sagte: »Ernst, jetzt sei gescheit und gib nach. Der Teichmann ist schon richtig. Ich rate dir, deine Sturheit aufzugeben. Wir bleiben, und damit basta!«

Amann schwieg verdrossen und stierte eine Weile vor sich hin. Plötzlich schien er einen Entschluss gefasst zu haben. Er angelte den Mantel vom Nagel, die Mütze, das Koppel und zog sich an.

»Ja, Himmiseiten, wohin gehst denn jetzt?«, fragte Drexler, und auch Toni, der sich inzwischen langgelegt hatte, hob den Kopf und fragte, was Amann vorhabe.

»Ich muss mal rüberschaun«, erwiderte Amann. »Ich mach mich auf die Socken nach Laksa und überzeug mich selber davon, was dort los ist.«

»Du spinnst ganz schön«, murmelte Drexler.

Da schwang sich Toni hoch und rief: »Wart, ich komm mit, ich kann sowieso net schlafen, weil mir der Schädl so brummt.«

Er schlüpfte in den Mantel, setzte die Mütze auf und angelte den Karabiner vom Stützpfosten. Drexler schaute den beiden kopfschüttelnd nach und legte sich wieder hin.

Teichmann stand unweit des Bunkers am Waldrand, als Amann und Toni Weiß aus dem Bunker kamen. »Halt!«, rief« rief er. »Wo geht ihr hin?«

»Nach Laksa«, sagte Amann, »mir selber ein Bild davon machen, was dort anliegt. Wir melden uns ab, Herr Oberjäger.«

»Gut«, sagte Teichmann. »Seid aber vorsichtig.«

Die beiden Landser verschwanden im Dunkel.

Es schneite leicht, und die Nacht war lautlos still. Es lag schon eine dünne Schneedecke, die die Dunkelheit etwas erhellte. Der Neuschnee war zu nass, als dass er länger liegenbleiben würde, es sei denn, der Schneefall dauerte an.

Am Rand der Lichtung stand Brunner auf Posten. Er hörte die Schritte und rief halblaut: »Wer da?«

»Ernst und Toni«, kam die Antwort, und dann standen die beiden vor Brunner.

»Wir gehn mal nach Laksa rüber«, sagte Amann. »Ein wengerl rumschnuppern, was der Iwan macht.«

»Habt ihr Teichmann um Erlaubnis gefragt?«

»Ja. Wir haben uns abgemeldet.«

»Menschenskinder«, murmelte Brunner, »seid bloß vorsichtig, und lasst euch net schnappen.«

»Wir passen schon auf«, erwiderte Toni. »Dann also, pfüat di, Loisl.«

»Macht's gut und bleibt net zu lang«, sagte Brunner.

Er sah den beiden nach, wie sie im frischen Weiß des Schnees über die Lichtung gingen und dann drüben im

Wald verschwanden. Er lehnte am rissigen Stamm einer alten Kiefer. Ihn fröstelte. Seit die Kompanie auf und davon und man hier allein war, kam er sich verlassen vor, so als habe man ein Glied verloren, einen Arm oder ein Bein. Die große Gemeinschaft, in der man jahrelang gelebt, gedarbt, gelitten, gekämpft und auf den Sieg gehofft hatte, die schützende Familie, die feste Kameradschaft und das Zusammengehörigkeitsgefühl waren nicht mehr. Man stand nackt und frierend in einem fremden Land.

Es kam Brunner erst jetzt so richtig zu Bewusstsein, wie wichtig die Gemeinschaft mit den anderen für ihn war. Der Obergefreite ließ das Kinn auf die Brust sinken. Nie zuvor hatte er so tiefe Hoffnungslosigkeit und so große Sehnsucht nach der Gemeinschaft empfunden wie jetzt, und die Sehnsucht nach der Heimat, nach seinem Berchtesgaden, wurde geradezu übermächtig.

Und als er so dalehnte am Stamm des Baumes und die Augen geschlossen hielt, da tauchte vor ihm das Bild des Hofes auf, auf dem er geboren worden und aufgewachsen war. Er sah den Vater mit der Sense auf dem Rücken über die taufrischen Wiesen gehen, er sah die Mutter, die am Brunnen die Melkeimer wusch, und er hörte in den Ställen das Vieh rumoren und mit den Ketten klirren. Der Jenner erhob seinen Gipfel in den Himmel, der Watzmann mit seinen Zinnen und Zacken stand im Sonnenlicht, der Königssee dunkelte im Schoß der Berge.

Brunner biss die Zähne so fest aufeinander, dass ein leises Knirschen ertönte. Er wollte heulen, sich laut gegen das auflehnen, was geschehen war. Er wollte das Gewehr wegwerfen und einfach davongehen – Richtung Heimat, nach Südwesten, heim.

»Sind die zwei bei Ihnen vorbeigekommen, Brunner?«

Es war Teichmanns Stimme, die aus dem Schatten des Waldes kam.

Brunner schüttelte den quälenden Traum ab. Verzagtheit, Mutlosigkeit verschwanden.

»Ja, sie san vorbeigekommen, Herr Oberjäger. Ich weiß bloß net, was die zwei dort wollen. Sie hätten besser hierbleiben sollen.«

»Ich wollt es ihnen zuerst auch verbieten«, erwiderte Teichmann und lehnte sich neben Brunner an den Baumstamm. »Aber dann dachte ich mir: Sollen sie ruhig gehen und sich selbst überzeugen.«

»Sie werden schon aufpassen, denk ich«, murmelte Brunner.

Schweigen. Der Schnee fiel sanft und dichter auf die Lichtung. Kein Laut störte die Nacht.

»Was macht der Franz?«, fragte Brunner nach einer Weile.

»Er schläft.«

»Sie haben doch Medizin studiert, Herr Oberjäger. Was denken Sie über seinen Zustand? Wird er wieder?«

»Er hat einen schweren Schock erlitten, Brunner. Wie lange das anhält, wird sich in den nächsten Tagen zeigen. Lämmer muss jetzt liegen und möglichst viel schlafen. Kann sein, dass das hilft.«

»Er hat sich schon lang 'rumgeschleppt und oft war er sehr dasig. Man hätt ihm den Splitter aus dem Kopf operieren sollen.«

Teichmann gab keine Antwort. Plötzlich stellte er die Frage: »Wie lange sind Sie schon mit Amann zusammen, Brunner?«

»Schon über drei Jahr. Wir sind zusammen vom Ersatzhaufen zur Dritten gekommen. Warum fragen Sie?«

»Weil ich wissen möchte, was Amann für ein Charakter ist.«

»Ich kann nix Schlechtes über ihn sagen, Herr Oberjäger. Er ist halt a sturer Bayer ... wie ich ... so sagt man wenigstens«, fügte er mit leisem Lachen hinzu.

»Sie sind vollkommen anders als er«, erwiderte Teichmann. »Bei Ihnen hat man das Gefühl, dass man sich auf Sie verlassen kann. Bei Amann aber habe ich das Gefühl, dass er im entscheidenden Moment die Nerven verliert.«

»Das möcht ich so net sagen, Herr Oberjäger«, beschwichtigte Brunner rasch. »Ich weiß nur, dass der Ernst mächtig Dampf vor einer Gefangenschaft hat. Ich kann mich erinnern, dass er oft gesagt hat: Gefangennehmen lass ich mich nie, eher knall ich mir eine vor den Schädel.«

»Und wie denken Sie über so einen Fall, Brunner?« Die Frage klang merklich forschend.

»Tja ...« meinte Brunner gedehnt, »wenn ich ehrlich sein soll: Gefangenschaft ist mir lieber als der vielgepriesene Heldentod. Bei einer Gefangenschaft hat man wenigstens eine Chance zu überleben.«

»Eben«, erwiderte Teichmann, und plötzlich spürte Brunner eine Hand auf der linken Schulter.

»Brunner«, sagte Teichmann, »bewahren Sie sich diese Erkenntnis. Ich trage sie auch in mir, was nicht heißen soll, dass ich mit dem Gedanken spiele, einfach aufzugeben. Wenn wir vor die Tatsache gestellt werden, dass wir einer Gefangenschaft nicht mehr ausweichen können, werde ich vorher jeden einzelnen fragen.«

»Das wird 's Beste sein, Herr Oberjäger«, murmelte Brunner.

Teichmann wandte sich wieder zum Gehen.

»Das wär's, was ich mit Ihnen besprechen wollte, Brunner. Halten Sie die Ohren steif. Der Nächste, der Sie ablöst, ist der Drexler.«

Die hochgewachsene Gestalt des Oberjägers trat in den Schatten des Waldes und verschwand. Ein Zweig knackte leise, dann wurde es still.

Amann und Toni Weiß bewegten sich vorsichtig den Pfad entlang. Sie blieben oft stehen und lauschten in Richtung Laksa. Doch von dort drang kein Laut, der niederfallende Schnee verschluckte jedes Geräusch.

»Dort drüben war der Erste Zug in Stellung«, sagte Amann, als sie an der Pfadabzweigung angelangt waren.

»Wollen wir mal nachschaun, Emst?«, fragte Toni Weiß.

»Hat koan Zweck«, murmelte der andere. »Weiter!«

Wenig später erreichten sie das Ende des Waldes, und Laksa lag vor ihnen, verborgen hinter dem Vorhang von Schneeflocken. Die kegelförmigen Heuhaufen links und rechts waren schon weiß beschneit.

Die beiden Landser standen regungslos und lauschten zum Dorf hinüber. Hinter dem niederwehenden Schneevorhang hörten sie dumpfe Stimmen.

»Was is jetzt?«, raunte der Toni. »Gehn wir weiter, oder ...?«

»Ich will mehr wissen«, flüsterte Amann. »Hör zu, Toni, was ich vorhab.« Amann tuschelte erregt. »Erstens schaun wir nach, ob wir ein paar Fressalien organisieren können, und zweitens ...«

»Du spinnst wohl«, raunte der Toni. »Wenn die uns erwischen, können wir's Kreuz machen.«

»Dann mach kehrt und geh zurück, du feiger Hund«, knurrte Amann.

Toni zupfte den anderen am Mantelärmel. »Mensch, überleg doch! Wenn wir auffallen, sind die anderen auch im Eimer, Ernst.«

»Dann bleib da und wart auf mich«, flüsterte Amann mit ärgerlicher Stimme.

»Ernst, sei gescheit«, warnte der Aschauer noch einmal, aber Amann ging bereits weiter und ließ Toni einfach stehen.

»Narrischer Teifi!«, murmelte Toni. »Dann geh halt und lass dir eins aufbrenna, du Depp!«

Toni Weiß hielt es tatsächlich für gescheiter, Amann allein gehen zu lassen und begab sich zu einem der Heuhaufen, um dort auf den Kameraden zu warten.

Amann hatte den Entschluss gefasst, mit Frechheit und Schneid in die Höhle des Löwen zu gehen und sich umzuschauen. Es reizte ihn aus einem unerklärlichen Grunde, alles aufs Spiel zu setzen und zu erproben, wie weit ihm gelang, was er sich in den Kopf gesetzt hatte. Es ging ihm um mehr als um die Beschaffung einiger Lebensmittel. Während des Anmarsches war ihm der Gedanke gekommen, dass es bedeutend leichter sein würde, über die Grenze und durch die feindliche Sperrlinie zu kommen, wenn man sich als Rotarmist tarnen würde. Hierzu genügten, nach seiner Meinung, ein paar russische Pelzmützen oder Mäntel.

Amann hatte die erste Holzkate erreicht und blieb stehen. Er klappte die Seitenteile der Feldmütze über die Ohren und den Mantelkragen an die Wangen.

Sein Herz fing heftig zu schlagen an; es wurde ihm heiß unter dem Mantel, und dennoch spürte er den Drang, etwas zu riskieren. Natürlich dachte er auch daran, durch eine erfolgreiche Aktion denen im Erdbunker zu imponieren, einen Meinungswechsel zu seinen Gunsten herbeizuführen und durch die Beibringung ergatterter Lebensmittel und vielleicht sogar einiger russischer Uniformstücke Teichmanns Autorität zu untergraben.

Durch die Hauswand, an der Amann lehnte, drangen dumpfe, verworrene Geräusche. Zwei winzige Fensterlöcher zeigten sich in der Hauswand.

Amann schlich zu einem der Fenster und sah hinein. Drinnen war es stockdunkel, ein Hauch von Fäulnis wehte aus dem Fenster.

Amann schlich sich an der Hauswand entlang und gelangte an eine Ecke, von der aus man auf die Straße schauen konnte. Dort standen Fahrzeuge: Lkw und Planwagen, von denen die Deichseln wegragten.

Es war kein Russe zu sehen, aber die Nacht roch nach Rauch und Benzin.

Zwischen den beiden Holzkaten, durch die Amann auf die Straße blicken konnte, standen, eng nebeneinander aufgefahren, drei Planenfahrzeuge. Womit waren sie wohl beladen?

Amann schlich darauf zu und nestelte die Plane des ersten Fahrzeuges los. Es ging rasch. Ein Sprung, und er verschwand unter der Plane.

Er tastete um sich, berührte Kisten mit stählernen Verschlüssen. Als er eine dieser Kisten anhob, stellte er fest, dass sie sehr schwer war.

Munitionskisten! Man müsste sie in die Luft sprengen, schoss es ihm durch den Kopf. Das gäb ein Feuerwerk! Da würden sie aber durcheinanderrennen! Ein Mordsspektakel gäbe das!

Aber Amann hatte weder eine Zündschnur noch sonst etwas, womit er die Idee hätte zur Ausführung bringen können.

Er kroch wieder aus dem Fahrzeug. Sicher waren die anderen beiden Karren ebenfalls Munitionsfahrzeuge.

Über Amann war eine eiskalte Ruhe gekommen. Nicht die kleinsten Bedenken plagten ihn; er war wild entschlossen, seinen Erkundungsgang zwischen dem ahnungslosen Feind fortzusetzen. Vielleicht erwische ich doch etwas, dachte er und pirschte sich zur vorderen Hausfront vor.

Die Nacht war nicht völlig dunkel, der Schnee gab genug Licht, um sich zurechtzufinden.

Dort drüben lag die Holzkate, in der sich der Gefechtsstand der Dritten befunden hatte, die Schreibstube. Licht brannte hinter den vier kleinen Fenstern, die nicht abgedunkelt waren. Der Feind brauchte nichts zu befürchten!

Amann starrte hinüber und empfand eine dumpfe Wut über die Sorglosigkeit der Russen. Sie taten schon so, als sei der Krieg gewonnen, zu Ende.

Jetzt traten ein paar dunkle Gestalten aus der Haustür. Raues Gelächter kam herüber, Stimmen. Zwei Russen stellten sich an die Hauswand und redeten.

Amann presste die Kinnladen krampfhaft aufeinander. Lodernder Zorn kochte in ihm, hilflose Wut darüber, dass man dies alles mit ansehen musste, ohne etwas unternehmen zu können. Er wünschte sich ein MG, er hätte am liebsten wild drauflosgeschossen und dieses friedliche Etappenleben mit einigen MG-Salven gestört.

Fester als zuvor war sein Plan, etwas zu unternehmen, das dem Feind schaden sollte.

Er trat auf die Straße und ging auf die andere Straßenseite hinüber. Dort drüben standen zwei schwere, planenüberdeckte Lastwagen. Es waren keine Wachposten da.

Die Russen vor dem ehemaligen Gefechtsstand verschwanden wieder im Haus. Von irgendwoher drangen Ziehharmonikamusik und Gesang.

Sie können gut singen, die Russen, dachte Amann, als er die zwei LKW erreichte und sich im Schatten der Fahrzeuge verbarg. Sie haben den Krieg so gut wie gewonnen und den Sieg in der Tasche. Und wir armen Schweine, wir hocken feig und tatenlos, in einem Erdloch und fürchten uns vor der Entdeckung! Teichmann ist ein Idiot! Ich hätte ihn auffordern sollen mitzugehen, er müsste sehen, wie gemütlich es sich die Russen hier in Laksa gemacht haben. Wir könnten längst über alle Berge sein!

Amann tastete nach dem Griff der Lkw-Tür. Sie ließ sich öffnen. Er kletterte hinein und setzte sich auf das kalte Leder des breiten Sitzes. Der Raum roch stark nach Benzin. Seine Hände betasteten das Lenkrad, die Gangschaltung; sein linker Fuß trat auf das Kupplungspedal.

Man müsste losfahren, ging es ihm durch den Sinn, einfach drauflosfahren ... alles über den Haufen fahren. Bis zur Grenze und hinüber! Warum warten wir hier? Warum riskieren wir nichts? Er tastete über das Armaturenbrett und suchte den Zündschlüssel.

Er steckt! Ich könnte einfach losfahren, schoss es Amann durch den Kopf. Aber dann dachte er daran, dass das Geräusch des anlaufenden Motors die Russen alarmieren würde und dass er wahrscheinlich nicht weit käme.

In der linken Sitzecke hing ein schwerer Uniformmantel. Amann nahm ihn und fingerte daran herum. Das war wenigstens ein Mantel! Wer ihn trug, der fror nicht! Wie erbärmlich dünn und armselig war dagegen der eigene Mantel!

Unter dem Mantel, an einem Haken, hing eine MP. Am hinteren Sitzpolster lagen drei Magazine, daneben eine Fellmütze.

Er nahm die Sachen, stieg aus dem LKW und zog den russischen Mantel über den eigenen. Dann tauschte er die Feldmütze gegen die Fellmütze und hängte sich die Russen-MP um die Schulter. Die Verwandlung vom deutschen Landser in einen Rotarmisten vollzog sich schnell.

Amann wunderte sich, wie ruhig er war, so völlig ohne Angst. Eine fast heitere Stimmung beherrschte ihn. Nervös und feige wurde man wohl nur drüben im Bunker, wo die Wände aufeinander zuzurücken und die Deckenbalken herunterzubrechen drohten. Die Kameraden dort litten wohl unter Platzangst.

Amann ging ungeniert über die Straße und schaute in eine der Holzkaten hinein, hinter deren Fenstern Licht brannte. Er sah hemdsärmelige Rotarmisten um einen Tisch sitzen. Sie tranken Schnaps und spielten, Papirossi rauchend, geräuschvoll Karten. Am Kopfende des rohen Tisches saß ein Soldat und schaukelte, Ziehharmonika spielend, auf dem Stuhl.

Die haben es gut, dachte Amann neidisch, während wir armen Schweine wie Mäuse im Loch sitzen und darauf warten, dass uns die Katz frisst.

Amann verließ seinen Beobachtungsplatz. Er hatte noch keine Lust, zu Toni zurückzukehren, der wohl am Dorfeingang auf ihn wartete. Es reizte ihn, sich noch ein wenig mitten unter dem Feind zu bewegen, um den Kameraden im Bunker zu beweisen, dass Aktivität besser sei als unentschlossenes Dasitzen und verzagtes Warten.

Er ging bis zum Ziehbrunnen, auf dessen Rand ein Holzzuber stand, halb gefüllt mit Wasser. Ohne Hast trank er daraus und wischte sich den Mund ab. In diesem Augenblick tauchten ein paar Russen auf und kamen, schwatzend und lachend, heran.

Ohne Eile verließ Amann den Ziehbrunnen. Er packte nur die fremde MP fester und tastete nach dem Sicherungsflügel. Aber niemand rief ihm nach, die Russen gingen auf einen Panzer zu, der zwischen zwei Häusern stand, und machten sich daran zu schaffen.

Amann stellte plötzlich fest, dass er jedes Gefühl für die Gefahr verloren hatte, dass ihm eine Gefangenschaft mit einem Male erträglich und gar nicht mehr fürchtenswert erschien. Er hatte die Russen zum ersten Mal aus der Nähe und als Menschen gesehen. Sie kamen ihm fast gemütlich vor, wie deutsche Kameraden.

Amann ging langsam auf den Pfad zu, den er mit Toni gekommen war. Ob Toni noch da war? Amann beschloss, ihm einen kleinen Schreck einzujagen.

Langsam näherte er sich der Stelle, wo er sich von Toni Weiß getrennt hatte. Es schneite jetzt dichter, die kegelförmigen Heuhaufen lagen noch achtzig oder neunzig Meter weit entfernt, und weit und breit war kein Mensch zu sehen.

Ist er schon zurückgegangen? fragte sich Amann, während er auf die weißen Haufen zuging. Er hätte doch warten können, der Depp!

Doch nein! Etwas bewegte sich am ersten Haufen, eine Gestalt erhob sich.

Amann beschleunigte seinen Schritt. Er ließ die russische MP von der Schulter unter die Achsel rutschen und brachte sie halb in Anschlag, aber ohne den Finger an den Abzug zu legen.

»He«, ertönte es von dort, wo Toni als großer dunkler Fleck im Neuschnee stand. »Bist du's, Ernst?«

Noch ein paar lange Schritte, dann rief Amann mit verstellter heiserer Stimme:

»Stoj! Ruki werch! (Halt! Hände hoch!)«

Aber da geschah etwas, das Amann nicht bedacht hatte und das ihm jetzt zum Verhängnis wurde: Der Toni, sonst schwerfällig und wenig geistesgegenwärtig, riss den Karabiner in die Hüfte. Mit einer Bewegung entsicherte er die Waffe und drückt ab. Der Schuss krachte im Bruchteil einer Sekunde.

Amann verspürte einen dumpfen Schlag in den Bauch, der ihn nach vorn kippen ließ. Die Knie wurden ihm weich. Er sackte langsam in den Schnee.

»Toni…«, ächzte er laut, »bist verrückt? … Ich bin's doch … Ooooh …«

Im Dorf gellte ein schriller Pfiff. Heisere Rufe schollen herüber.

Der Toni wusste jetzt, wen er angeschossen hatte. Es war kein Russe, obzwar er wie ein solcher aussah, es war der Ernst!

»Jesus Maria!«, brach es verwirrt aus ihm hervor. Er warf den Karabiner über die Schulter, stürzte zu Amann und zerrte ihn hoch. »Ernstl! Jesus! ... Was hab ich denn gemacht!«

Ernst Amann stöhnte und krümmte sich. »Schnell, schnell«, keuchte er, »bring mich weg, sonst schnappen sie uns ... schnell!«

Der Toni, ein Bär von einem Mannsbild, zögerte keine Sekunde. Mit zwei Griffen hatte er Amann über die linke Schulter gelegt, ein kurzer Ruck, der dem Verwundeten einen dumpfen Aufschrei entlockte, und Amann hing wie ein Sack über Tonis Schulter, stöhnte dumpf und verkrallte sich in Tonis Mantel und Koppel.

Toni hörte Lärm und Gebrüll im Dorf, begann zu rennen und verschwand mit seiner wimmernden Last im Wald.

Der Alarm im Dorf dauerte aber nur kurze Zeit, und die Russen kamen wohl zu der Meinung, dass irgendeiner, der zu viel Wodka getrunken hatte, den Schuss abgegeben hatte. Nach flüchtiger Untersuchung kehrten die herumstehenden Rotarmisten wieder in ihre Unterkünfte zurück.

Es schneite jetzt so dicht, dass man kaum über die Straße blicken konnte.

Unter dem Heckenrosenstrauch, den der Schnee verzuckerte, herrschte Ruhe, und aus dem schräg nach oben führenden Rohr quoll dünner Rauch.

Teichmann hockte vor dem Bunkerofen und legte ein paar Holzstücke in die Feuerung. Dann kehrte er an den Tisch zurück, auf dem eine Landkarte lag; neben ihr flackerte müde das Kerzenlicht.

Teichmann vertiefte sich wieder in das Studium der Karte, während Koch, Drexler und Lämmer schliefen.

Der baumlange Mann in der abgetragenen und schlapp sitzenden Uniform warf einen Blick auf die Taschenuhr, die neben dem Wachslicht lag. Halb zwölf Uhr nachts.

Brunner muss noch eine halbe Stunde stehen, dachte Teichmann. Der Nächste, der auf Wache zieht, ist Drexler. Ich beneide die Burschen, wie sie schlafen können. Sie verlassen sich auf mich. Ich habe die Verantwortung übernommen, und jetzt erwarten sie von mir, dass ich sie aus dieser Falle herausbringe ... über die Grenze! Warum habe ich keine Hoffnung? Warum werde ich das Gefühl nicht los, dass das Spiel aus ist und unsere sogenannte Freiheit nur noch ein paar Stunden, höchstens ein paar Tage zählen wird?

Teichmann beugte sich tief über die Karte und verfolgte mit zusammengekniffenem Blick die Grenzlinie.

Sie verlief von Südwesten in vielen Krümmungen gegen Nordosten. Laksa war auf der Karte nur mit einem Bleistiftkreuz eingezeichnet: ein genau dreizehn Kilometer vom nächsten Grenzpunkt entferntes Dorf. Die Straße, als haardünner Strich markiert, lief anscheinend schnurgerade auf einen Grenzpunkt namens »Vola« zu. Es schien ein nur sehr kleiner Ort zu sein, ohne Bedeutung, aber er lag schon jenseits der gestrichelten Linie.

Teichmann starrte den Kartenfleck an, der als endlos bewaldet gezeichnet und mit hellen Aussparungen versehen war, die Waldseen darstellten. Es gab unzählige Waldseen in diesem Land, es wurden immer mehr, je weiter man nach Nordwesten schaute. Finnland, das

Land der tausend Seen und der unergründlichen, endlosen Wälder! Nur wenige Straßen durchzogen es, und eine davon war jene, auf der Dietls einstmals siegreiche Soldaten in Russland eingebrochen und bis Leningrad, bis zum Ilmensee vorgestoßen waren.

Vorbei! Alle Opfer waren umsonst! Die schwarzen Schatten der Niederlage senkten sich immer tiefer über die geschlagenen, zurückflutenden deutschen Armeen. Und hier im Waldbunker bei Laksa saßen sieben verlorene, vergessene Seelen, die auf ein Wunder hofften.

Wenn wir ungehindert vorankämen, sinnierte der Oberjäger weiter, könnten wir die Grenzlinie in längstens drei Stunden erreichen. Dann die Dunkelheit abwarten, und dann ...

Teichmanns Hand legte sich über die Augen. Er hörte im Geist heisere Haltrufe, hörte Schüsse peitschen, hörte die Schreie der Getroffenen. Er konnte nicht daran glauben, dass das Unternehmen gelingen würde, er hatte die dumpfe Ahnung, dass es entschieden besser wäre, die Waffen nach Laksa zu bringen und sich dem Feind zu ergeben.

Es war keine Feigheit, die ihm diesen Gedanken aufdrängte. Es war vielmehr das einzige Ergebnis ständigen Grübelns, Abwägens und der verzweifelten Mühe, einen Ausweg zu finden.

Ich muss abstimmen lassen, dachte er gerade, als oben dumpfe Schritte ertönten. Wenige Augenblicke später kam Brunner herein.

Teichmann schaute ihm fragend entgegen.

»Im Dorf ist ein Schuss gefallen«, meldete Brunner halblaut. »Amann und Toni sind doch drüben. Hoffentlich ist nix passiert.«

»Nur ein Schuss?«, fragte Teichmann.

»Ja, nur einmal hat's geknallt.«

Teichmann rieb sich nervös das eckige, von blauschwarzen Bartstoppeln bedeckte Kinn. »Wo die zwei bloß bleiben?«

Brunner ging in die Ecke, holte den Tabak, riss ein Stückchen Papier aus einem alten Zeitungsblatt und begann, sich eine Zigarette zu drehen.

»'s schneit immer stärker«, bemerkte er. »Schon zehn Zentimeter hoch liegt der Schnee.« Er leckte über das Zeitungsstückchen, klebte die Rollen zusammen und zündete sie über dem Licht an.

Teichmann schaute nachdenklich auf das Kartenblatt nieder. Dann sagte er, mehr zu sich selbst: »Ob wir's doch versuchen?«

Brunner rauchte gierig.

»Was?«, fragte er.

»Einen Durchbruch«, sagte Teichmann. »Vielleicht begünstigt uns der Schnee.«

Brunner nickte. »Daran hab ich auch schon gedacht.« Sein Blick glitt zu Lämmer, der auf dem Rücken lag, zugedeckt bis zum Kinn, und mit offenem Mund atmete. Er sah wie ein Toter aus.

Brunners Blick traf mit dem Teichmanns zusammen. »Ob Franz es durchhält?«, fragte Brunner leise. »Er schaut so hundselend aus.«

Teichmann zuckte die eckige Schulter. »Jedenfalls müsste er mit. So oder so.«

Brunner nickte noch einmal und murmelte. »Ja, 's wär a Gemeinheit, wenn wir ...«

Da wurde draußen Gepolter laut. Brunner ergriff den Karabiner und eilte zum Ausgang.

Von oben drang atemloses Gekeuch herab, Schleifen, Stöhnen. Dann ertönte Tonis Stimme: »Kameraden, kommt ... helft, 's ist was passiert!«

Drexler und Ferdl erwachten und sprangen erschrocken hoch, Teichmann stürzte zum Bunkerausgang.

Da sahen sie, dass Toni Amann die Erdstufen herunterschleppte, kreidebleich im Gesicht, schweißnass, den Stahlhelm verrutscht und schief auf dem Kopf.

»Du lieber Gott!«, entschlüpfte es Drexler, und dann packte er mit zu wie die anderen. Sie schleppten Amann zum linken Lager, dessen Decken zerwühlt waren, und legten ihn behutsam hin. Eine breite Blutspur zog sich vom Bunkerausgang zum Deckenlager, Blut, in das Soldatenstiefel traten und damit den gestampften Boden beschmutzten.

Der Toni taumelte an die Bunkerwand und erzählte stoßhaft und atemlos, was passiert war.

»Ich hab denkt, a Russ wär's, da hab ich geschossen ... derweil war's der Ernstl.«

Er schlug beide Hände vors Gesicht und begann hemmungslos zu heulen.

Die anderen sahen, dass Amann einen russischen Militärmantel und eine Fellmütze trug. Sie schauten sich bestürzt an.

Teichmann, Brunner und Drexler zogen dem Verwundeten die beiden Mäntel aus, öffneten die Feldblusen und suchten die Schusswunde. Teichmanns Hände färbten sich rot.

Amann hatte einen Bauchschuss erlitten, dicht unter dem Nabel. Hemd und Hose – alles war voller Blut. Es rann unaufhaltsam. Im Bunker breitete sich ein süßlicher, widerlicher Geruch aus.

Teichmann befahl mit zitternder Stimme, alle verfügbaren Verbandspäckchen herbeizuschaffen, und betastete Amanns Leib. Auch dessen Rücken war blutig. Sein Unterleib war glatt durchschossen.

»Was ist?«, fragte jemand beklommen.

»Nicht viel Hoffnung«, murmelte Teichmann und fuhr sich mit dem Handrücken über die Stirn. Sie wurde rot, und ein hässlicher Blutstreifen leuchtete auf dem bleichen Gesicht.

Der Verwundete stöhnte und bäumte sich auf. »Leut, helft mir ... ich halt's nimmer aus!« Er sank wieder zurück und wälzte sich auf die Seite.

Niemand sprach. Alle starrten entsetzt auf das Lager. Toni lehnte mit leerem Gesichtsausdruck an der Bunkerwand und weinte lautlos. Seine Lippen bewegten sich, aber kein Laut drang über sie. Sie hatten Amann halb entkleidet. Der weiße Körper mit den entsetzlichen Blutflecken schimmerte im trüben Licht. Teichmann verband mit Brunners Hilfe den Verwundeten. Dessen Stöhnen wurde keuchend, er stieß dumpfe Laute aus, dann wurde er endlich ohnmächtig.

»Kommen Sie, Oberjäger«, sagte Drexler halblaut, »waschen S' sich die Händ.«

Der Ferdl hatte den Marmeladeneimer mit Wasser bereitgestellt.

Teichmann wusch sich die Hände.

»Er wird es nicht mehr lange machen«, murmelte er. Dann richtete er den Blick auf Toni. »Seid ihr von den Russen verfolgt worden?«

Toni schüttelte den Kopf. Langsam griff er nach dem Karabiner und wollte mit schlurfenden Schritten zum Ausgang.

»Wo willst hin?«, fragte Brunner und stellte sich Toni in den Weg.

»Lass mi«, murmelte der Aschauer.

»Red! Wo willst hin?«, stieß Brunner hervor.

Der Toni schaute den Kameraden leer an. »Ich ertrag's net, dass ich den Ernst ...« Wieder schluchzte er verzweifelt.

Brunners Miene blieb unbeweglich. »Überwind es, Toni, 's war ein Unglück. Der Ernst ist selber dran schuld.«

»Wie a Russ' hat er ausgeschaut«, schluchzte Toni, »glaubt mir's ...«

»Schon gut, Toni. Mach keine Dummheiten, leg dich hin und heul nimmer. Das ändert nix mehr.«

Mit diesen Worten nahm Brunner dem Kameraden den Karabiner aus der Hand, stellte ihn weg und schob Toni zum Lager hin, drückte ihn darauf nieder.

Dann wandte er sich an Teichmann: »Wir müssen uns darauf gefasst machen, dass uns die Iwans auf die Pelle rücken ... vielleicht noch in dieser Nacht, spätestens aber in der Früh.«

Teichmann trocknete die Hände ab und nickte zerstreut.

»Wir müssen weg«, ließ sich Ferdl vernehmen.

»Das hätte keinen Zweck«, murmelte Teichmann. »Wenn sie uns finden, ergeben wir uns.«

Schweigen folgte diesen Worten.

Da raschelte etwas, und dann ertönte die klare Stimme Franz Lämmers: »Macht Licht, wir müssen den Teig anrühren.«

Die Blicke der Landser richteten sich dorthin, wo Franz Lämmer die Decken beiseitewarf und aufstand.

Seine Haare sträubten sich, das Heftpflaster auf der Stirn schimmerte fahl, sein Blick war seltsam verschleiert; er grinste vor sich hin und murmelte etwas, als er die Decken zusammenfaltete.

Es bestand kein Zweifel, dass Franz Lämmers geistiger Zustand in das Stadium sanften Irrsinns hinübergewechselt war. Für ihn war eine andere Welt entstanden. Die Vergangenheit war für ihn Gegenwart geworden. Er hatte den Verstand verloren.

Teichmann legte das Handtuch weg, ging zu Lämmer und klopfte ihm sanft auf die Schulter.

»Lämmer, es hat noch Zeit. Leg dich wieder hin. Es ist noch Nacht.«

Lämmer drehte langsam den Kopf und sah Teichmann mit sonderbar ruhigem Blick an. »Drei ist's, da muss der Teig angerührt werden. Weißt du das net?«

»Doch, doch«, sagte Teichmann sanft, »aber es ist Sonntag, Lämmer.«

Der Blick Lämmers wurde grübelnd.

»Sonntag ist's?«, murmelte er. »Wirklich Sonntag?«

»Ja, Sonntag, Franz«, ließ sich Brunner vernehmen. Er trat zu Lämmer und nahm ihm die Decke aus der Hand. »Sei friedlich und leg dich wieder hin.«

»Wirklich Sonntag?«, fragte Lämmer.

Brunner nickt nur, dann zwang er Lämmer mit sanfter Entschiedenheit aufs Lager nieder, drückte ihm die Knie nieder, deckte ihn zu und sagte beinahe zärtlich: »Schlaf weiter, Franzi, das ist besser so.«

Merkwürdigerweise gehorchte Lämmer. Er schloss die Augen, die Lippen schmatzten leise, und er murmelte leise: »Ja, wenn's heut Sonntag ist, ja freilich, das ist gut.«

Dort, wo Amann lag, ertönte ein Stöhnen. Ferdl und Drexler traten an das Lager und hockten sich nieder.

»'s brennt so, Kameraden«, stöhnte Amann. »Ich halt's bald nimmer aus! Barmherzigkeit! Erschießt mich doch, ich bitt euch drum!«

Ferdl streckte die Hand aus und legte sie Amann auf den Kopf. In seinen Augen schimmerte es feucht und um seinen flaumbärtigen Mund zuckte es.

»Du musst durchhalten, Ernstl ... 's wird schon wieder besser werden.«

Hoffnungslosigkeit und Verzagtheit sank auf alle nieder. Ihre Gesichter sahen verfallen und alt aus. Die Schatten ihrer Köpfe klebten an den Wänden wie schwarze Flecke. Alle wussten, dass sie an einem entscheidenden Punkt standen und dass der nächste Tag einen klaren Entschluss bringen musste.

Brunner drehte sich eine Zigarette und zündete sie an. Der Toni hockte mit angezogenen Knien, die Arme daraufgelegt, den Kopf hineingewühlt, auf dem Lager und rührte sich nicht. Drexler starrte leer auf Amann, Ferdl streichelte Amanns Kopf, und Teichmann trug den Marmeladeneimer hinaus und goss das blutige Wasser in den Busch.

Es schneite dicht und lautlos. Die Nacht war ohne Leben, ohne Laut, aber nicht kalt. Verloren stand die lange Gestalt des Oberjägers neben dem Bunkereingang und starrte in die Dunkelheit. Der Winter war da. Die Flocken sanken ihm kühl ins Gesicht und schmolzen. Sie tat ihm wohl, diese nasse Kühle. Sie linderte die Fieberhitze der Haut, den leisen, stechenden Schmerz hinter der Stirn, wo ein Schwarm Gedanken durcheinanderwirbelte und einen Ausweg suchte.

Es ist alles aus, wusste Teichmann. Es kann sich nur noch um ein paar Stunden handeln. Wenn es hell wird, werden sie kommen und uns ausheben, uns die Gewehrläufe auf die Brust setzen oder in den Rücken stoßen. »Dawai plen! – Marsch, in die Gefangenschaft!«

Haben wir dafür gekämpft? sinnierte Teichmann. Sind wir dafür geschunden, gedrillt, angeschrien, durch den Kasernenhofdreck geschleift worden? Sind wir dafür durch Blut und Eisenhagel gerannt? Haben wir dafür gehungert, gedürstet, geschmachtet? – O Gott, wo bist du? Warum ist alles so finster? Warum erlöst du uns nicht? Warum lässt du dieses grausame Leben nicht zu Ende sein – dieses Leben, an dem wir hängen und das du uns gegeben hast?

In diesen Minuten wurde es Werner Teichmann bewusst, dass der Mensch nichts ist – nur eine leidende, dem Tod geweihte Kreatur.

Jemand kam die Bunkerstiegen herauf und stellte sich hinter Teichmann. Eine verhaltene Stimme murmelte: »Oberjäger, wir sind am End. Es bricht hageldicht über uns arme Schweine herein. Sollen wir uns nicht am besten selber in d' Luft sprengen?«

Es war Brunner. »Geben S' uns einen Rat, Herr Oberjäger, Sie san doch ein Studierter! Sie müssen doch wissen, was wir machen sollen! Wie's weitergehen soll! Antworten S' doch, Sie ...«

»Was willst du wissen, Brunner?«

Es war das erste Mal, dass Teichmann einen Untergebenen duzte. Brunner schien es nicht wahrzunehmen; er packte Teichmann an der Schulter und rüttelte ihn.

»An Rat sollen Sie uns geben! Sie haben doch 's Kommando übernommen, Sie müssen wissen, wie der Laden jetzt weitergehen soll oder ob wir ihn dichtmachen müssen!«

»Wir sind am Ende, Brunner. Was uns noch bleibt, ist die Chance, dass die Russen uns nicht finden ... dass sie überhaupt nicht nach uns suchen.«

»Und was dann?«

»Dann stimmen wir ab, ob wir verrecken oder weiterleben wollen, Brunner.«

»Wollen Sie verrecken?«

»Nein.«

»Ich auch net ... keiner von denen da im Bunker will's, Oberjäger. Wir werden immer weniger, je länger wir hier bleiben. Der Amann schnauft noch in dieser Nacht aus. Sobald wir ihn unter der Erd haben, rücken wir ab.«

»Ich bin damit einverstanden, Brunner.«

»Wir versuchen durchzukommen, Oberjäger ... wir müssen es wenigstens versuchen, gell?«

»Ja, wir versuchen es.«

Brunner ließ die knochige Schulter des anderen los und schnaufte.

»Mei, ist dös a Gfrett. Wo man hinschaut: zappenduster und Elend. Am liebsten tät ich ...« Er brach ab und bückte sich, nahm zwei Hände voll Schnee und rieb sich damit das Gesicht. Dann schnaufte er: »Dös tut wohl! Machen S' auch so, Oberjäger. Es ist die billigste Wäsch.« Er lachte auf und nahm noch einmal Schnee, rieb sich abermals das Gesicht ab und sagte dann prustend: »Jetzt ist mir a wengerl wohler, Oberjäger. Vorhin war mir, als müsst ich mir a Kugel durch den Schädel jagen und mit allem auf der Stell Schluss machen. Aber so lang der Mensch lebt, soll er die Hoffnung net aufgeben. Gehn wir rein, Oberjäger. Drunt ist a Stimmung wie in einem Leichenhaus.«

Teichmann hielt Brunner am Arm zurück. »Brunner, wir müssen abwarten, hören Sie. Vielleicht zeigt sich ein Loch, durch das wir schlüpfen können.«

»Glauben Sie's wirklich?«

»Ich will es einfach glauben, Brunner. Ich muss es.«

»Also ...« sagte Brunner langsam, »keine Gefangenschaft, sondern der Versuch, rüberzukommen?«

»Ja. Hier unten werden wir lahm und energielos. Wir drehen noch alle durch.«

»Kommt mir auch so vor. – Dann also morgen Abmarsch. So oder so?«

»Sobald Amann es überstanden hat.«

Sie gingen in den Bunker zurück. Als sie eintraten, rief jemand halblaut: »Es geht dahin ... er stirbt.«

Amanns bärtiges Gesicht verfiel zusehends. Sein Atem ging stoßhaft. Er schien irrsinnige Schmerzen zu haben. Sein Körper zuckte, seine Beine schnellten auf und nieder. Ferdl Koch, Drexler und Toni Weiß saßen unbeweglich auf ihren Plätzen und starrten den Bunkerboden an. Das Licht flackerte unruhig.

»Helft mir... helft mir«, stöhnte der Verwundete. Teichmann und Brunner eilten zu ihm. Teichmann beugte sich über ihn und sah ihn an.

»Durchhalten, Amann ... Zähne zusammenbeißen!« »Helft mir, Leut...«, ächzte Amann und bäumte sich auf. Mit vor Schmerz dunklem Blick schaute er sich um. »Ja ... ja, ist denn keiner da? Seid ihr alle ... alle so feig? Freut's euch, dass ich so langsam hin werd! Ver ... verfluchte Feiglinge! ... Schweine, verfluchte ... ooooh!« Er sank zurück.

Da geschah etwas Unheimliches – etwas, das keine Hand zu verhindern suchte.

Der Toni erhob sich schwerfällig. Sein Gesicht war grau, alt und ohne Ausdruck. Tränen rannen aus seinen Augen und rollten über ein versteinertes Gesicht.

Er griff nach dem Karabiner, er lud ihn durch, er senkte den Lauf und ging auf Amann zu.

»Toni!«, stammelte Teichmann, aber Brunner schob seinen Arm vor, hielt ihn zurück.

Langsam, ganz langsam setzte Toni Amann den Gewehrlauf auf die Stirn. Der Schuss krachte und drohte, die Trommelfelle zu zerfetzen. Ekliger Pulvergestank breitete sich in der Finsternis aus. Das Licht war erloschen. In der tiefen Finsternis erklang ein trockenes Schluchzen, und etwas fiel polternd zu Boden.

Und mit einem Male wurde Franz Lämmers Stimme laut. »Mutter! ... Mutter!«, rief er. »Komm! Da bin ich, warum ist's so finster?«

Teichmann riss ein Streichholz an, ging zur Kerze und zündete sie an. Er schaute sich langsam um, er schaute alle der Reihe nach an, zuletzt den Toni, der mit blödem Gesicht dastand und die Arme baumeln ließ.

»Danke, Toni«, stammelte Teichmann. Dann gab er Befehl, den Obergefreiten Ernst Amann sofort im Wald zu bestatten.

Lange noch roch es nach Pulvergas im Bunker. Um drei Uhr morgens lagen alle unter ihren Decken und versuchten zu schlafen.

Die Sowjets kamen doch. Unmittelbar nach Tagesanbruch vernahm Drexler, der auf Posten stand, im Wald Rufe und alarmierte die Kameraden. Teichmann gab den Befehl, sich vollkommen ruhig zu verhalten und beorderte Drexler in den Bunker. Man hatte einstimmig beschlossen, keine Schießerei anzufangen und sich, falls man entdeckt wurde, kampflos zu ergeben.

Es schneite ziemlich dicht, und die Chancen, unentdeckt zu bleiben, standen gar nicht so schlecht. Wenn die Suchtrupps nicht allzu nahe an den Bunker herankamen und der Neuschnee die verräterischen Spuren zugedeckt hatte, konnte man Glück haben.

So saßen sie also still, einer peinigenden Unruhe ausgeliefert, im Bunker und horchten bang nach draußen, wo Brunner sich am Bunkerausgang postiert hatte.

Er trug keine Waffen, hielt aber in den beiden Manteltaschen je eine Eierhandgranate wurfbereit. Man konnte ja nicht wissen, in welcher Laune die Sowjets waren, und wie sie reagieren würden, falls sie den Bunker und den Rest einer Kampfgruppe fänden.

Brunner horchte mit angespannten Sinnen. Die Rufe kamen aus dem Wald – kamen näher und näher.

Links und rechts kämmten anscheinend weitere Suchtrupps das Waldgelände ab.

Jetzt sind welche auf der Lichtung, wusste Brunner, als er geradeaus Stimmen und Zurufe vernahm. Auch ein Lachen drang an sein Ohr.

Die haben gut lachen, dachte der Obergefreite bitter. Die sind die Sieger, und wir die Mäuse in der Falle. Einen Augenblick lang rang er mit dem Entschluss, sich im Fall der Entdeckung kräftig zur Wehr zu setzen und zu zeigen, dass man kein Schlappschwanz oder Feigling war, aber dann klangen ihm noch Teichmanns Worte in den Ohren: »Kameraden, wir sind keine Verbrecher, die wild um sich schießen, weil sie aufgestöbert wurden, sondern Soldaten, die einsehen müssen, wenn jeder Widerstand sinnlos ist. Wir haben den Krieg verloren. Finden wir uns damit ab und versuchen wir zu überleben und eines Tages heimzukehren.«

Keiner hatte etwas erwidert, als Teichmann schwieg. Nur Lämmer kicherte und sagte im Selbstgespräch: »Wir brauchen Germ, der ist schon wieder aus. Wo wir ihn nur herkriegen könnten, den Germ?«

War nicht der Lämmer von allen am besten dran? Sein Verstand hatte sich getrübt, eine andere Welt tat sich vor ihm auf, friedlicher als diese. Mochte er sich darin bewegen, der arme Narr, der keinem etwas zuleide tat, der in Gedanken buk und auf Mohn wartete, der sich eine frohere Welt zusammengedacht hatte in seinem Wahn.

Brunner lag auf dem Bauch vor dem Bunkerausgang und spähte durch die Waldbäume. Diese standen schon in fünfzehn Zentimeter hohem Neuschnee. Die Büsche dazwischen und das Unkraut waren überzuckert. Keine Spur war zu sehen.

Da! Geradeaus näherten sich Stimmen, bewegten sich die Büsche. Schnee fiel von den Bäumen und schuf eine weiße Staubwolke. In Brunner krampfte sich etwas zusammen, als er drei in langen Mänteln steckende Sowjetsoldaten sah, Pelzmützen auf den Köpfen und die schussbereiten Schnellfeuergewehre in den Händen. Sie gingen sorglos und redeten ungeniert laut miteinander.

Noch flacher drückte sich Brunner auf den Erdboden, als er sah, dass einer der Rotarmisten geradewegs auf den Bunker zeigte und auf die Büsche, hinter denen er lag.

Unweit der drei Rotarmisten befand sich Amanns schon tief verschneites Grab – einstweilen noch ohne

Stahlhelm. Der sollte erst auf das Kreuz gestülpt werden, wenn man von hier abrückte. Aber würde man überhaupt noch dazu kommen?

Brunner hörte hinter sich ein Geräusch. Teichmann kam aus dem Bunker und wollte etwas fragen.

Brunner legte beschwörend den Finger auf den Mund und deutete noch vorne. Und Teichmann hatte gerade noch so viel Platz, um sich neben ihm auf den Bauch legen und hinüberschauen zu können.

Die drei Rotarmisten zündeten sich jetzt Papirossi an. Sie schienen die Suchaktion ziemlich oberflächlich zu betreiben, blieben stehen, qualmten und redeten miteinander. Die Entfernung zu ihnen betrug etwa achtzig Meter, vielleicht etwas weniger.

»Mit der Spritzen müsst man da hinhalten«, raunte Brunner. »Da blieb net viel übrig.«

»Hätte wenig Sinn«, flüsterte Teichmann.

Brunner zog eine der Eierhandgranaten aus der Manteltasche und wog sie in der Hand.

»Große Lust hätt ich schon, Oberjäger.« Sein Blick war dunkel vor Rauflust.

»Wegstecken, Brunner«, zischte Teichmann wütend. »Denk an die Kameraden, die da unten sitzen. Hier kommen wir nicht mehr lebendig raus, wenn wir die Nerven verlieren.«

Brunner ließ die Eierhandgranate verschwinden, stützte das Kinn auf die am Boden liegenden Fäuste und schaute fast gelangweilt zu den drei Russen hinüber.

Der eine schien einen Witz erzählt zu haben. Raues Gelächter drang herüber. Aber plötzlich tauchten von links andere Soldaten auf, darunter ein Unteroffizier. Die drei dort drüben setzten sich wieder in Bewegung.

Sie kamen direkt auf den hinter Sträuchern liegenden Bunker zu. Immer näher. Schon konnten Brunner und Teichmann die Gesichter der drei Soldaten erkennen: harmlose, gut rasierte, junge Gesichter.

»Sie finden uns«, raunte Brunner. »Sollen wir uns wirklich so sang- und klanglos kassieren lassen, Oberjäger?«

»Rühren Sie sich nicht«, flüsterte Teichmann. Hart sprangen ihm die Backenknochen aus dem Gesicht, die Stirnadern schwollen, seine hellen Augen weiteten sich vor Angst.

Bis auf knapp fünf Meter kamen die Russen heran, dann bogen sie nach rechts ab und traten aus dem Wald ins Freie. Der eine nahm ein Glas und schaute angestrengt zum anderen Waldrand hinüber. Dabei plauderten sie ungeniert miteinander.

Wenig später sah Drexler, der aus den Schießscharten starrte, die drei Russen in kaum zehn Meter Entfernung am Bunker vorbeigehen. Sie lachten, als sie durch den Neuschnee stapften, und der eine, ein baumlanger Kerl, bückte sich, formte einen Schneeball und bewarf damit den anderen.

Sie balgten sich mit Schneebällen, während sich aus der linken Schießscharte ein MG-Lauf auf sie richtete und hinter dem Visier ein Auge schmal wurde.

Das Schneeballspiel vor dem Bunker nebst dem drohenden MG-Lauf wurde durch einen schrillen Kommandopfiff unterbrochen. Die drei Soldaten riefen sich etwas zu, dann verschwanden sie mit schnellen Schritten. Die Gefahr war vorüber.

Auf Teichmanns bleicher Stirn glänzte Schweiß, als er mit Brunner in den Bunker trat. Auch die anderen hatten verstörte, feuchte Gesichter. Nur Toni schien an der Gefahr, die vorüberging, wenig oder gar keinen Anteil genommen zu haben. Seit jenem Schuss im Bunker sprach der Aschauer kaum noch ein Wort, aß nichts, saß herum und stierte vor sich hin.

»Na also«, ließ der Ferdl sich vernehmen. »Dös is no mal gut abgegangen, Kameraden. Darauf jetzt a Zigarettl! Darf ich mich an Ihrem Tabak verlustiern, Herr Oberjager?«

»Frag nicht so dumm«, murmelte Teichmann.

Brunner stellte die Vermutung auf, dass die Sowjets etwas von Amanns Alleingang bemerkt haben mussten und dass dadurch die Suchaktion ausgelöst worden war. »Der Ernst hatte ja den Russenmantel und eine MP mitgehen lassen, wie Toni sagt. Gell, Toni?«

Toni hob sein bartstruppiges Gesicht.

»Was hast gesagt?«, fragte er zerstreut.

Brunner wiederholte seine Frage, worauf Toni murmelte: »Ja. Die MP hat er fallen lassen.«

»Und die hat man wahrscheinlich gefunden«, bemerkte Brunner. Er ging in die Ecke, wo eine Munitionskiste stand, auf der das harte Brot und ein Messer lagen. Er schnitt sich eine Brotscheibe ab und begann zu kauen.

»Herrschaften«, murmelte er, »halten wir jetzt mal Lagebesprechung ab und beschließen wir was, denn vom Rumsitzen passiert nix.«

Teichmann nickte. »Wer ist fürs Abrücken? Hand hoch!«

Brunner hob die Hand zuerst, nach und nach folgten auch die anderen – auch Toni, wenn auch nur mit einer kleinen Bewegung.

»Gut«, murmelte Teichmann, »wir versuchen es. Ich schlage aber vor, dass wir erst einen Spähtrupp unternehmen und die Lage bis zur Grenze peilen.«

Ferdls Erwiderung klang lebhaft; seine Augen glänzten. »Ich meld mich freiwillig, Oberjäger.«

Teichmann wandte sich an Brunner: »Übernimmst du die Führung?«

Brunner schaute Teichmann überrascht an, hielt im Kauen inne und entgegnete: »Einverstanden.«

Da ging Teichmann auf ihn zu und streckte ihm die Hand hin. »Ich heiße Werner.«

Brunner nahm die Hand und grinste: »Und wie i heiß, dös ist dir ja bekannt, gell?«

»Ja, Alois.«

»Loisl«, verbesserte Brunner und kaute weiter.

Teichmann wandte sich zu den anderen um. »Ich biete euch allen das Du an.«

»Geht in Ordnung«, sagte Drexler. »Ich bin der Walter.«

»Und i der Ferdl«, ließ sich Ferdinand Koch vernehmen.

Sie tauschten Händedrucke und schauten sich in die Augen, und als Teichmann zum Toni ging und ihm die Hand hinstreckte, da blickte dieser mit einem so leeren Gesichtsausdruck auf, dass Teichmann erschrak und mitleidsvoll sagte: »Toni, vergiss es! Es ist vorbei ... es war die menschlichste Lösung.«

Toni erwiderte Teichmanns Händedruck nur matt. »Reden wir nimmer davon, Herr ...« – er verbesserte leise: »Werner.« Dann versank er wieder in sein Brüten.

Sie beschlossen, am Spätnachmittag und sobald der Schneefall etwas nachgelassen hatte, einen Erkundungsvorstoß Richtung Grenze zu unternehmen. Brunner wollte die Führung übernehmen, Drexler und Ferdl würden mit ihm gehen. Hatte man die Lage erkundet und eine Lücke im Aufmarschsystem des Gegners gefunden, sollte Ferdl zurückkommen und die anderen nachholen.

Der Vorschlag, dass alle gleichzeitig abrücken sollten, wurde von Teichmann mit der Begründung abgelehnt: »Wir müssen an den Franz denken, der uns unterwegs Schwierigkeiten bereiten könnte. Wenn der zu spinnen anfängt, ist jede Chance vermasselt. Wir müssen schnell über die Grenze kommen.«

Franz Lämmer indes dämmerte stumpfsinnig dahin und nahm keinen Anteil an dem, was vor sich ging. Weder Teichmann noch die anderen hatten eine Ahnung, ob sein Geisteszustand durch irgendeinen Anlass in Tobsucht oder Raserei ausarten könnte. Bislang lagen aber keine entsprechenden Anzeichen vor. Man bemitleidete den Kameraden wortlos, mit Blicken, mit stiller Anteilnahme. Es war allen klar, dass man Lämmer nicht zurücklassen durfte, obschon dies die Chance zum Durchkommen vergrößert hätte.

Der Vormittag verging in grenzenloser Länge. Die Minuten wurden zu Stunden, die Stunden zu Ewigkeiten. Es schneite noch immer, der Schnee lag bereits über zwanzig Zentimeter hoch. Kein Laut drang durch den stetig niederfallenden weißen Vorhang. Nach zwölf Uhr mittag dröhnte ein Flugzeug über den Schneewolken und verschwand mit dumpfem Gebrumm in nordöstlicher Richtung.

Teichmann brach das Brot in Stücke und verteilte sie an die Kameraden. Dann kamen die steinharten Kekse dran, von denen jeder zwei Hände voll erhielt. Die kleinen Schweinefleischkonserven wurden ebenfalls verteilt, dazu der Tabak. Jeder sollte mit seiner Ration selbst haushalten.

»Ich brauch nix«, wehrte Toni ab, als er seine Zuteilung bekam. Aber er musste sie nehmen und packte sie mit stumpfer Gleichgültigkeit weg.

Die MG wurden abgebaut, die Munition verteilt. Teichmann übernahm das MG 1, Brunner das MG 2.

Als dies geschehen und das Marschgepäck bereitgelegt war, warf man sich hin und döste weiter.

Wenn wir durchkommen, sind wir gerettet, dachte Teichmann, und er schickte seine Gedanken weit weg von hier, ließ sie durch Finnland wandern, eine einsame Straße entlang, an Weilern vorbei, in denen vielleicht freundliche Menschen hausten und dem Rest der Gruppe Teichmann ein bisschen weiterhalfen. Je weiter seine Gedanken gegen Norden wanderten, umso freier wurde ihm zumute, umso energischer flammte sein Lebenswille auf.

Er schaute oft auf die Uhr und zog sie alle Augenblicke auf. Wie träge die Zeit dahinschlich!

»Es hört net auf und 's hört net auf, dös Mistwetter«, schimpfte Brunner vor sich hin, als er einen Blick aus den Schießscharten warf. Uns schneits restlos ein.«

»Dazu ist die Zeit noch zu früh«, bemerkte Teichmann. »Das taut schon wieder weg.«

»Denkste«, murmelte Brunner. »Im vorigen Jahr hatten wir den Schnee schon Anfang September.«

Plötzlich schauten alle auf Lämmer. Der hatte sich von seinem Lager erhoben und begann etwas zu suchen.

»Was ist denn, Franzi?«, fragte Drexler.

»Meine Krawatte«, erwiderte Lämmer leise. »Meinen Hut und das Büchl.«

»Was für ein Büchl?«, erkundigte sich Drexler und warf den anderen einen besorgten Blick zu.

»Das Gebetbüchl«, sagte Lämmer zerstreut. »Zeit ist's, in die Kirch zu gehen, die Mutter wartet schon draußen ... Mutter!«, rief er mit so lauter und klarer Stimme, dass allen eine Gänsehaut über den Rücken rann. »Mutter, ich komm gleich!«

»Noch viel Zeit, Franzi«, beschwichtigte Drexler und versuchte den Geisteskranken zum Lager abzudrängen.

»Komm, leg dich hin und schlaf oder back Bauernbrote.«

»Nein, ich muss in die Kirch«, beharrte Lämmer. »Psst, hört ihr's net?«

Er schob den Kopf vor und horchte.

»Was hörst denn?«, fragte Drexler. Auch Teichmann kam heran, stellte sich neben Lämmer und nahm ihn sanft am Arm.

»Pst!«, zischte Lämmer. »Die Glocken läuten schon. Hört ihr's net?«

»Doch, Franz«, sagte Teichmann ruhig und freundlich, »doch, wir hören sie.«

Da war es, als käme Klarheit in Lämmers Blick. Er schüttelte plötzlich mit gefurchter Stirn den Kopf, tastete mit der Hand nach dem schmutzig gewordenen Heftpflaster und murmelte:

»Was ist denn los? Warum sitzt ihr alle hier? Wo sind wir denn eigentlich?«

Teichmann übernahm die Antwort. Sie klang ruhig, fast heiter, gelassen: »Noch immer Bunker ›Waldmaus‹, Franz.«

»Im Bunker?«, wiederholte Lämmer. Er schien nachzudenken und ging zum MG-Tisch. Dort standen die transportbereiten Maschinengewehre. Lämmer starrte sie eine Weile an, dann drehte er sich um und schaute von einem zum andern.

»Ist ... ist die Kompanie fort, oder hab ich's nur geträumt, Kameraden?«

Teichmann ging auf ihn zu, legte ihm beide Hände auf die Schulter und sagte gedämpft: »Eben war ein Melder da und hat ausgerichtet, dass wir bei Anbruch der Dunkelheit abrücken sollen. Es ist aber noch Zeit. Wie fühlst du dich, Franz?«

Lämmer sah Teichmann mit grübelndem Ausdruck an. Irritierte ihn das »Du«? Spürte er, dass sich an der Lage nichts geändert, dass sie sich nur verschlimmert hatte und immer hoffnungsloser geworden war? »Ich...«, sagte er leise, »ich fühl mich ganz wohl.«

»Keine Kopfschmerzen mehr?«

»N ... nein ... nur so einen dumpfen Druck im Schädel ... da ...!«

Er betastete vorsichtig die Haarstelle oberhalb des Heftpflasters.

»Leg dich hin«, sagte Teichmann. »Wir warten, bis es dunkel wird.«

In Lämmers Augen trat ein unruhiges Licht, ein ängstliches Glitzern.

»Und ihr ... ihr lasst mich net zurück? Bestimmt net?«

»Wo denkst du hin!«, lachte Teichmann. »Natürlich kommst du mit!«

Lämmer sagte nichts mehr. Er sank auf das Deckenlager nieder und dann fing er wieder an, mit spitzen, vorsichtigen Fingern aus der Decke einen Faden zu zupfen. Das Licht, das ein paar kurze Augenblicke gebrannt hatte, war wieder erloschen.

»Er hat's gut«, sagte Drexler nach einer Weile. »Ich möcht so beisammen sein wie er.«

Niemand antwortete.

Es war kurz vor Einbruch der Dunkelheit. Es schneite nicht mehr so dicht, und gerade als Brunner den Bunker verließ, hinaufstieg und zum Waldrand vorging, um mit dem Kompass und der Karte die Marschzahl festzustellen, bewegte sich drüben etwas. Drei dunkle, hintereinandergehende Gestalten kamen herüber.

Brunner rannte in den Bunker zurück und meldete seine Wahrnehmung. Teichmann, der ein Dienstglas besaß, eilte zur Schießscharte und spähte hinaus.

Tatsächlich! Drüben kamen drei Gestalten. Sie waren noch nicht deutlich genug zu erkennen, sie gingen langsam, vornübergeneigt – und sie trugen Waffen.

Nervös schraubte Teichmann an der Schärfe, dann musste er die angelaufene Brille säubern. Inzwischen kam Brunner, nahm das Glas und schaute hinüber.

Plötzlich sagte er hastig: »Dös san Unsrige, Werner! Ganz sicher!«

»Wo kommen die denn her?«

»Versprengte vielleicht – wie wir.«

Brunner starrte angestrengt über das wellige weiße Gelände. Die Gestalten waren jetzt in einer Mulde verschwunden, tauchten aber gleich darauf wieder auf. Jetzt konnte man sie schon mit bloßem Auge sehen, und an ihren Mützen waren sie klar als Deutsche zu erkennen! Deutsche Landser!

»Sind's gewiss Unsrige?«, fragte Drexler. »Können's net auch Russen sein?«

Diese Vermutung lag nahe. Es musste mit allem gerechnet werden. Brunner gab das Glas an Drexler, der schaute lange hinaus, stieß den Atem erregt durch die Nase aus und drehte sich dann um:

»'s san Deutsche«, sagte er. »Ich geh jede Wette ein! Wir müssen sie auf uns aufmerksam machen!«

»Ja«, ließ sich nun Toni vernehmen, »aber seid um Himmels willen vorsichtig!«

Er dachte wohl an Amanns unglücklichen Bauchschuss. Toni litt darunter und trug schwer daran.

»Loisl«, sagte Teichmann, »geh du hinaus und schau nach, ob die Burschen astrein sind. Und nimm meine MP mit.«

Brunner setzte rasch die Feldmütze auf, nahm die Maschinenpistole, lud sie durch und verließ mit schnellen Schritten den Bunker.

»Ihr bleibt da und rührt euch nicht«, sagte er im Hinausgehen, dann verschwand die untersetzte Figur des Obergefreiten durch den Ausgang.

»Licht aus«, befahl Teichmann, worauf Ferdl das Licht ausblies.

Dunkelheit lag im Raum. An den Schießscharten standen Teichmann, Drexler und Ferdl und starrten hinaus. Die drei Gestalten kamen schräg auf den Bunker zu; sie stapften im Gänsemarsch durch den flockenweichen Neuschnee. Der Himmel hatte sich blass aufgeklärt, und ein frostiger Lufthauch drang durch die Schießscharten.

Plötzlich begann im Hintergrund jemand zu lachen. Leise, dann immer hektischer.

»Still, Franz!«, rief Drexler mit unterdrückter Stimme. »Verhalt dich ruhig, sonst ...«

Der Geisteskranke stand vom Lager auf. Er faselte etwas von Tanzcafé und zu leiser Musik und plötzlich schrie er: »Lauter, verdammt, ich hör ja nix!«

Mit einem Satz war Drexler bei Lämmer, packte ihn und presste ihm die Hand auf den Mund.

»Wirst stad sein, du Depp!«, zischte er.

Lämmer wehrte sich wild und fing an, um sich zu schlagen. Ferdl kam Drexler zu Hilfe. Sie warfen Lämmer, der einen Tobsuchtsanfall bekommen zu haben schien, aufs Lager, stürzten sich über ihn, pressten ihn nieder und hielten ihm den Mund zu. Sie warfen ihm die Decke über den Kopf und hielten den Tobenden mit aller Kraft nieder, bis sein Brüllen erstickte.

Lämmer schlug noch eine Weile um sich, aber seine Bewegungen wurden matter. Schließlich heulte er mit erstickten Tönen unter der Decke.

In diesem Augenblick erschollen draußen Rufe. Brunner war aus der Deckung hervorgetreten, hielt die MP im Anschlag und rief den drei herangekommenen Gestalten zu: »Halt! Hände hoch!«

Die drei Männer blieben wie angewurzelt stehen und hoben die Arme.

»Mensch«, rief der eine, »nimm die Spritze weg, wir sind Deutsche!«

Brunner behielt die MP im Anschlag. Man konnte ja nicht wissen. »Wer seid 's? Wo kommt's her?«, rief er.

»Aus Sortavala«, kam die Antwort. »Wir sind aus dem Gefangenenlager getürmt.«

Da senkte Brunner die MP und ging auf die drei zu. Es waren wirklich Deutsche. Ein Feldwebel, ein Unteroffizier und ein Gefreiter. Der Feldwebel und der Gefreite trugen russische Schnellfeuergewehre.

»Was seid denn ihr für Haufen?«, fragte der Feldwebel, der sich als Max Brennecke und die anderen beiden als Bruno Hartung und Alfred Koschinski vorstellte, alle drei vom 2. Panzerjäger-Regiment, das bei Pittskjaranta von den Russen gefangengenommen worden war. Brunner gab Auskunft. Als er berichtete, dass seine Gruppe allein, die Kompanie abgerückt und ringsum alles von der Roten Armee besetzt sei, wurde er mit Fragen überschüttet.

»Kommt rein«, sagte Brunner, »dann erzählen wir euch alles, 's ist net gerade erfreulich.«

Die drei Neuankömmlinge folgen Brunner in den Bunker. Das Licht wurde wieder angezündet. Ein Fragen und Erzählen begann.

Feldwebel Brennecke berichtete, man sei vor vier Tagen ausgebrochen, habe zwei Lagerposten überwältigt, sich ihrer Waffen bemächtigt und wäre in Tag- und Nachtmärschen und ohne einem Bissen Nahrung bis hierher marschiert.

»Wir sind ziemlich fertig«, schloss der Sprecher. Er hatte ein hartgeschnittenes Gesicht und eine Schramme über Nase und Wange, die blutverkrustet war und vom Stacheldraht herrührte, durch den man in die Freiheit geflüchtet war.

Atemlos gespannt lauschten Teichmann und seine Männer dem Bericht von der abenteuerlichen Flucht der drei. Unteroffizier Hartung hustete andauernd. Er sah mager und kränklich aus. Der Gefreite Koschinski, ein breitschultriger, kräftiger Bursche mit einem runden Bauerngesicht, war der russischen Sprache mächtig. Er stammte aus Tauroggen in Litauen. Sein Deutsch wies einen stark östlich klingenden Akzent auf.

Als Teichmann nun die Situation seiner Gruppe berichtete, schwiegen die drei und warfen sich vielsagende Blicke zu.

»Jungens«, sagte Brennecke, als Teichmann zu Ende gekommen war, »Es lässt sich nicht abstreiten: Wir sitzen ganz schön in der Tinte! Mal sehn, wie wir da wieder rauskommen.« Dann fragte er, ob etwas Essbares zu bekommen sei, worauf Teichmann und die anderen von ihren schmalen Vorräten etwas abgaben.

Lämmer lag indessen still in der Ecke. Seine Augen irrten von einem zum anderen. Brennecke stand auf, ging zu ihm hin und betrachtete ihn. Der Geisteskranke fing an zu winseln, worauf Brennecke sich abwandte und halblaut zu Teichmann sagte: »Der arme Kerl wird nicht mehr. Total geistig weggetreten. Was wollt ihr mit ihm machen?«

»Mitnehmen«, erwiderte Teichmann entschlossen.

Der Unteroffizier hustete trocken, dann meinte er: »Ist das nicht ein großes Risiko?«

Teichmann zuckte die Schulter. »Nicht zu ändern.«

»Wir hauen uns jetzt erst mal hin«, schlug Brennecke vor. »Dann reden wir weiter, Kameraden.« Er gähnte und fragte Teichmann, wo man sich langstrecken könnte. Wenig später schliefen die drei und wären auch durch Kanonenschüsse nicht aufzuwecken gewesen.

Der Bunker war gestopft voll mit Menschen, die Luft roch säuerlich, und das Licht flackerte unruhig. Teichmann, Brunner und Drexler unterhielten sich im Flüsterton über den Zuwachs. Sollte man sich über die unvorhergesehene Verstärkung freuen? Hatte sich dadurch die Chance eines Durchkommens vergrößert?

»Wir haben jetzt eine ziemlich hohe Feuerkraft«, sagte Teichmann. »Wenn wir eine günstige Stelle auskundschaften und den Durchbruch gut vorbereiten, müsst es mit dem Teufel zugehen, wenn wir es nicht schafften!«

Brunner und Drexler stimmten zu. Ferdl nickte nur. Toni nahm an der leise geführten Unterhaltung nicht teil. Er hockte auf dem MG-Tisch und stierte vor sich hin, manchmal schüttelte er den Kopf, als verstünde er die Welt nicht mehr.

»Also«, schloss Teichmann jetzt, »warten wir ab, bis die Kameraden ausgepennt haben, dann halten wir Kriegsrat.«

Der Abend verging, die Nacht brach ein. Im Bunker herrschte Ruhe. Schnarchtöne rasselten durch den finsteren Raum. Durch die Schießscharten strömte nasskalte Luft herein. Das Feuer im Ofen war erloschen, das Licht gelöscht.

Wie die Heringe lagen die Menschen am Boden. Dann und wann ertönte das Husten des Unteroffiziers oder ein schwerer Seufzer. Alle zwei Stunden erhob sich der eingeteilte Wachposten und löste ab. Man wollte nichts außer Acht lassen, was die Sicherheit betraf, obschon es ziemlich unwahrscheinlich war, dass man von den Sowjets überrascht wurde.

Teichmann konnte nicht schlafen. Unruhig wälzte er sich von einer auf die andere Seite, horchte, hörte den Atem, das Röcheln und Schnarchen der Schläfer. Die Gedanken summten wie Mückenschwärme in seinem Kopf, seine Nerven ruhten nicht aus, sondern waren angespannt.

Er wusste: Je mehr Köpfe es gab, desto mehr Meinungen bildeten sich. Er hätte nicht sagen können, dass ihm die drei Hinzugekommenen sonderlich sympathisch gewesen wären. Er hielt diesen Brennecke für einen rigorosen Draufgänger, den Unteroffizier für einen mehr oder weniger zähen Mitläufer und den gebrochen Deutsch sprechenden Gefreiten für einen unsicheren Kantonisten, denn er konnte einem nicht in die Augen schauen; er wich dem Blick aus; auch seine Art zu sprechen war irgendwie nervös, zu bereitwillig, zu hastig.

Nein, Teichmann empfand über den Zuwachs keine sonderliche Freude.

Die Luft im Bunker wurde unerträglich und trieb Teichmann vom Fußboden hoch. Jemand grunzte, als er sich zum Ausgang tastete, ein gemurmelter Fluch wurde laut.

Teichmann knöpfte den Mantel zu, zog die Mütze aus der Tasche und setzte sie auf.

Da kam von dort, wo Lämmer war, ein halblautes Gefasel. Er sprach mit sich selbst.

»Was ist denn, Franz?«, rief Teichmann halblaut hinüber, worauf es wieder still wurde. Dann erklang ein kullerndes, leises Lachen in der Finsternis.

»Leg dich lang und schlaf, Franzi«, riet Teichmann; dann ging er hinaus.

Frische Nachtluft fuhr ihm wohltuend ins Gesicht. Er sog sie tief in die Lungen. Zwischen den Bäumen funkelte der Sternenhimmel. Die Nacht war kühl, der Schnee machte sie hell; man konnte alles erkennen.

Teichmann wusste, dass jetzt Toni Weiß auf Posten stand – halb rechts drüben, dicht am Waldrand, wo man einen getarnten Standplatz errichtet hatte und eine schmale Schneise vom Waldrand zur östlich liegenden Waldlichtung führte und den Blick frei ließ. Teichmann schlenderte zum Postenstand hinüber.

Ich muss mal mit Toni reden, dachte er. Der arme Kerl macht sich schwere Gewissensbisse wegen Amann. Verständlich! Es ist grässlich, einen Kameraden niederzuschießen! Es ist einfach unerträglich – und noch dazu, wenn man ihm den Gnadenschuss gegeben hat. Teichmann wusste, dass er es nicht fertiggebracht hätte, Amann eine Kugel durch den Kopf zu jagen.

Bei dieser Erinnerung fror ihn. Das Grauen stieg in ihm auf, der Herzschlag setzte aus.

Wie ruhig er geschossen hat, ging es Teichmann durch den Sinn. Was mag es ihn für eine Überwindung gekostet haben, den Toni! Ich werde es nie vergessen! Nie im Leben!

Teichmann hatte den Postenstand erreicht. Niemand war zu sehen.

»Toni!«

Stille.

»Toni!«, rief Teichmann mit gedämpfter Stimme. »Wo bist du?«

Irgendwo im Wald polterte Schnee von einem Baum.

Teichmann betrat den mit Zweigen getarnten Postenstand. Da sah er ein Gewehr in der Ecke lehnen. Tonis Gewehr!

Wo war er?

Teichmann wurde von einer schlimmen Ahnung befallen und begann, die Umgebung nach Spuren abzusuchen. Eine Einzelspur führte am Waldrand entlang. Er folgte ihr.

Er wird doch keine Dummheit gemacht haben, dachte Teichmann. Er wird doch nicht …

Die Spur führte zu einer Einbuchtung des Waldrandes, mitten hinein in eine Gruppe verschneiter Büsche. Eine einsame Kiefer ragte mit tiefen, verschneiten Ästen, aus den Büschen.

Teichmann sah genau die Stelle, an der Toni eingedrungen war. Der Schnee war von den Büschen gefallen, ein paar Zweige geknickt.

»Toni!«

Keine Antwort. Nur beklemmende, lautlose Stille. In der Ferne rumpelte Artilleriefeuer. Aber es war weit weg! Die Bestie Krieg röchelte noch immer.

Teichmann überwand die Beklemmung, das Gefühl, etwas Grausiges aufzufinden. Und er fand es.

Toni Weiß hatte sich am untersten Ast der Kiefer erhängt. Lang und schmal, die Knie leicht eingeknickt, baumelte die Gestalt am Ast.

Brunner, Drexler und Ferdl waren bei der Kiefer und begruben Toni Weiß im Wald.

Im Bunker war alles wach. Brennecke wickelte die Fußlappen um die Füße.

»Gut, dass er's wenigstens auf die leise Tour gemacht hat«, sagte er.

»Die beste Lösung«, murmelte Unteroffizier Hartung. »Mir war er irgendwie unheimlich, der Bursche.«

»Er war ein ordentlicher Kerl«, bemerkte Teichmann versonnen. »Verlässlich, ein sympathischer Kamerad.«

»Hätten ihn gebraucht beim Durchbruch«, sagte Brennecke. »Jedes Gewehr wird wichtig werden. Na ja, nicht mehr zu ändern. Wie spät, meine Herren?«

»Zwanzig nach zwo«, meldete Hartung mit Blick auf die Armbanduhr.

Brennecke schlüpfte in einen Knobelbecher. »Also, einverstanden, Teichmann? Wir rücken Punkt drei ab und schauen zu, dass wir so dicht wie möglich an die Grenze kommen. Der Karte nach liegen etwa zwölf Kilometer vor uns. Sobald wir auf die Russen stoßen, schicken wir einen Spähtrupp vor, der erkunden soll, wo eine günstige Stelle ist.«

»Einverstanden.«

»Den Spähtrupp stellst du, Teichmann.«

»Ja. Brunner, Drexler und Koch. Brunner hat die beste Erfahrung.«

»Prima Kerle«, murmelte Brennecke. Dann richtete er seinen Blick auf Lämmer, der im Bunkerwinkel hockte, Rücken und Kopf an die Wand gelehnt, und mit dem Kopf hin und her wackelte.

»Mir macht der dort Sorge«, sagte Brennecke halblaut und deutete mit dem kantigen Kinn in Richtung Lämmer. »Der kann uns alles vermasseln. Ist dir das klar, Teichmann?«

»Ich pass auf ihn auf.«

Da ließ sich Koschinskis heisere Stimme vernehmen: »Ich möchte einen Vorschlag machen.«

»Und?«, fragte Teichmann den Gefreiten. Koschinski betrachtete seine schwarz geränderten Fingernägel, als er antwortete.

»Nu ja, wie soll ich sagen? Ich bin der Meinung von Brennecke. Der dort kann alles vermasseln.« Dann der halblaute Vorschlag: »Teichmann, schick ihn weg ... auf Meldegang oder so. Wir müssen ihn loswerden! Verstehst schon!«

Teichmanns hageres Gesicht spannte sich. Die Augen hinter den runden Gläsern blitzten. Die Antwort aber klang ruhig und fest: »Kommt nicht infrage! Nie! In diesem Saukrieg passieren genug Gemeinheiten, ich möchte keine hinzufügen!«

»Hinzufügen!«, mokierte sich Brennecke und grinste. »Raschelt nach Papier. Was bist du von Beruf?«

»Ich wollte Medizin studieren.«

»Aha.« Ein schneller Blick Brenneckes glitt über die lange, hagere Gestalt des Gruppenführers.

»Wenn ihr Angst habt«, setzte Teichmann hinzu, »dass Lämmer uns Schwierigkeiten macht, dann rückt allein ab.«

»Hö!«, machte Unteroffizier Hartung, »davon kann keine Rede sein. Wir sitzen alle im selben Kahn. Aussteigen gibt es nicht.«

»Genau«, ließ sich Brennecke vernehmen und fixierte Teichmann scharf. »Wie lange bist du beim Barras?«

»Ein Jahr etwa.«

»Und ich habe insgesamt sieben auf dem Buckel«, erwiderte Brennecke, »demnach bin ich der Dienstälteste.« Er zog jetzt den anderen Knobelbecher an. »Ich übernehme das Kommando, ist das klar, Oberjäger Teichmann?«

Etwas an seinem Ton missfiel Teichmann. Sein Gesicht wurde noch eckiger. »Sie übersehen, dass das unser Bunker ist und dass ich hier als Gruppenführer eingesetzt bin, Feldwebel.«

»Komm, komm«, grinste Brennecke, »mach die Klappe dicht. Das Kommando übernehme ich, basta!«

Teichmann schien noch etwas erwidern zu wollen, er schluckte es aber hinunter.

Die hätten bleiben sollen, wo der Pfeffer wächst, dachte er. Erst fressen sie uns das letzte Brot weg, dann rauchen sie unseren Tabak, und jetzt spielt sich dieser Kerl da zum Kommandoführer auf.

»Klar, Teichmann?«, fragte Brennecke lauernd und beobachtete von unten herauf Teichmanns Gesicht.

Noch ein kurzes Zögern, dann nickte Teichmann.

»Das ist also auch geritzt«, sagte Brennecke zufrieden.

Da erklangen draußen dumpfe Geräusche. Die drei Totengräber kamen von ihrer Arbeit zurück. Wortlos traten sie ein.

»Erledigt?«, fragte Brennecke.

»Jawohl«, murmelte Brunner.

»Wo?«, fragte Teichmann.

»Schönes Platzl im Wald, ziemlich weit drin. Man könnt den Toni fast beneiden.«

Den letzten Satz sagte Brunner mehr zu sich.

Wieder erhob sich Brenneckes schnarrendes Organ: »Mal herhören, Kameraden. Ich habe das Kommando übernommen. Wir rücken in einer halben Stunde ab. Du, Brunner, unternimmst, sobald wir auf den Iwan stoßen, mit den zweien da ...« – er deutete auf Drexler und Ferdl – »einen Erkundungsvorstoß zur Grenze. Ich denke, dass ihr eine schwache Stelle findet. Habt ihr sie ausgemacht, holt ihr uns nach, und wir gehen rüber.«

Brunner schaute den Sprecher abwägend an, wandte sich dann an Teichmann.

»Einverstanden?«

»Klar ist er einverstanden«, rief Brennecke schnell. »Ich habe euch doch gesagt, dass ich das Kommando übernommen habe. Wer ist dagegen von euch dreien?«

Die drei Angesprochenen schwiegen; sie wechselten nur ein paar vielsagende Blicke.

»Habt ihr noch etwas Muckefuck da?«, erkundigte sich der Unteroffizier.

Ferdl nickte und bückte sich zum Ofenloch, um das Feuer anzuschüren.

Da kam eine graue Gestalt aus dem Hintergrund. Lämmer, blass und mit verstörtem Blick, wandte sich an Teichmann.

»Ist was?«

»Was soll sein, Franz?«, lächelte Teichmann.

Der Geistesgestörte runzelte die Stirn und schaute zu Boden. »Ich weiß nicht recht, Herr Oberjäger ... aber mir kommt's so vor, als ging's los.«

»Ja, Franz, wir rücken ab. Wirst du dich anständig aufführen? Nicht losplärren oder rumschlagen?«

Teichmann hatte Lämmers Schultern gepackt und rüttelte ihn sanft.

»Nein, nein«, murmelte Lämmer, »ich mach schon nichts. Ich bin ganz normal ... bestimmt! Oder denkt ihr vielleicht, ich spinne?« Er sah sich unsicher um.

»I wo«, lachte Brennecke grob, »kein Mensch nimmt das an.«

»Eben«, lächelte Teichmann und strich Lämmer flüchtig durch das wirr um den Kopf stehende Haar.

Franz Lämmer schien bei diesem Unternehmen kein ausgesprochener Unsicherheitsfaktor zu sein. Darüber unterhielten sich die drei Neuhinzugekommenen eine Weile leise, dann unterbreitete Brennecke noch einmal die Einzelheiten des Planes.

Mittlerweile war auch der dünne Kaffee fertig. Er reichte gerade für acht Trinkbecher und für eine kleine innere Erwärmung. Dann gab Brennecke den Befehl zum Aufbruch.

Punkt drei Uhr morgens, als im freien Gelände hauchdünne Frühnebel zu wogen begonnen hatten und der Himmel in östlicher Richtung sich sanft rötete, brachen die acht Männer auf. Als Letzter kam Teichmann aus dem Bunker. Er hatte sich von dieser aus Erde und Waldbeständen errichteten Höhle stumm und mit einem langen Blick verabschiedet. Allerlei Gedanken waren ihm durch den Kopf gegangen, nicht zuletzt die Frage, ob das, was man jetzt auszuführen bereit war, die richtige Lösung war. Vielleicht war es so. Aber das konne nur die Zukunft zeigen.

Gemäß Brenneckes Einteilung besaß jetzt die neue Gruppe auch ein MG und die dazugehörige Munition. Brunner belud sich mit dem zweiten MG, Drexler und Ferdl mit den Munitionskästen. Teichmann hatte beschlossen, auf Lämmer aufzupassen und ihn nicht aus den Augen zu lassen.

Wenig später schlichen sie im Gänsemarsch davon, Brunner, Drexler und Ferdl an der Spitze und Teichmann mit Lämmer als Schlusslichter in Richtung Marschzahl 302.

Dort, wo der Bunker lag, stieg dünner Rauch zwischen den verschneiten Büschen empor und wehte ins freie Gelände.

Sie kamen gut voran. Das waldige Gelände, das sie wortlos durchmaßen, war einsam. Nirgends rührte sich etwas Verdächtiges. Eine schmale, tiefe Trampelspur folgte den acht dunklen Punkten, die sich im Neuschnee bewegten.

Sie kamen an die Straße, und Brunner ging vor, um festzustellen, ob sie feindfrei war.

Sie war es. Der Schnee zeigte weder die Spuren von Fahrzeugen noch von Menschen. Laksa, woher die Straße kam, lag hinter dem endlos erscheinenden Wald. Wald überall!

Die Straße verlief schnurgerade nach Norden. Der Karte nach musste in etwa sieben Kilometer Entfernung ein Dorf mit Namen »Linkö« liegen. Es war anzunehmen, dass Linkö vom Feind besetzt war. Dahinter verlief die finnisch-russische Landesgrenze.

Bevor man sich entschloss, auf der Waldstraße weiterzumarschieren, wurde eine Lagebesprechung abgehalten.

»Ich bin dafür, dass wir im Wald marschieren, längs der Straße«, sagte Brunner.

Brennecke lehnte dies ab. »Nein, wir marschieren auf der Straße, da kommen wir schneller voran und sind noch vor Tagwerden in dem Nest. Es ist noch zu früh, die Roten dünsten noch auf ihren Strohsäcken. Kommt was, können wir ja von der Straße verschwinden. Also ... ohne Tritt – marsch!«

Mit der Straße unter den Füßen kamen sie natürlich beträchtlich schneller voran als querbeet- und querfeldein. Brunner und seine zwei Kameraden gingen ein Stück voraus. Jeden Augenblick waren sie darauf gefasst, dass von vorn oder rückwärts ein sowjetisches Fahrzeug auftauchte.

Nach etwa drei Kilometer Marsch ertönte dann auch hinter ihnen, aus der Richtung, aus der man gekommen war, das Brummen von Motoren. Blitzschnell verschwanden die acht Landser links und rechts im verschneiten Wald. In den klebrigen Neuschnee gedrückt, mit angehaltenem Atem und schussbereiten Waffen warteten sie auf die herandröhnende Gefahr.

Zwölf große LKW schaukelten vorüber und verschwanden in der Biegung der Waldstraße.

Teichmann schaute auf die Uhr. Kurz vor halb fünf morgens. Am Mondhimmel waren Wolken erschienen, die Schnee versprachen. Es war ziemlich warm.

»Los, weiter geht's!«, befahl Brennecke und übernahm jetzt selbst die Spitze der Marschgruppe. Teichmann ging mit Lämmer am Schluss.

»Na, Franz – macht doch Spaß, so'n Morgenspaziergang, wie?«, fragte er in heiterem Ton.

Lämmer nickte nur und plötzlich blieb er stehen. »Wo sind wir überhaupt? Schon Winter?«

Teichmann lachte. »Merkst du das erst jetzt? Ist doch schon alles voller Schnee.«

»Ja, ja ...«, nickte Lämmer und sah Teichmann an. Sein Blick war jetzt wach und völlig klar: »Wisst ihr, wo die Kompanie ist?«

»Natürlich«, erwiderte Teichmann und zog Lämmer weiter. »Ich denke, dass wir sie in zwei oder drei Stunden erreicht haben.«

Dabei dachte er: Wenn's nur so wäre! Ich kann es aber nicht glauben. Da vorne ist alles voller Russen. Wenn sie uns bemerken, wenn dieser Brennecke wirklich zu ballern anfängt, ist alles aus. Alles.

Lämmer lief neben Teichmann her und fragte nach einer Weile: »Oberjäger, was sind das für Leute da vorn?«

»Sie sind heut Nacht zu uns gestoßen. Versprengte von einem Panzerjägerhaufen.«

»Aha«, murmelte Lämmer. Und wieder nach einer Weile die Frage: »Oberjäger, hab ich wirklich gesponnen? Bin ich übergeschnappt?«

Teichmann fing Lämmers unsicheren, fast ängstlichen Seitenblick auf und quittierte ihn mit einem Kopfschütteln.

»I wo, Franz. Keine Spur. Du hast bloß einen Schock abgekriegt, weißt du, als du ...« Er sprach es nicht aus, denn er wollte die böse Erinnerung an einen abgerissenen Kopf mit einem Stahlhelm nicht von Neuem in Lämmers Gedächtnis zurückrufen.

Aber Lämmer schien sich wieder daran zu erinnern. Mit tief gesenktem Kopf, die Füße mechanisch voransetzend, schritt er neben Teichmann her.

Brunner ging ein paar Meter vor Teichmann und Lämmer. Die kräftige Gestalt des Obergefreiten schritt elastisch aus, über der Schulter trug er das schwere MG, am Koppel Spaten, Pistole, Brotbeutel und vier Eierhandgranaten. Ab und zu schaute er sich um und warf einen Blick auf Lämmer und Teichmann.

»Geht ganz gut!«, rief Teichmann ihm zu, worauf Brunner die Zähne bleckte – starke, weiße Zähne in einem bartstoppeligen, festgefügten, von Wind und Wetter braun gebeizten Gesicht. Während Teichmann so marschierte, drängte sich ihm die Frage auf, wie Brunner wohl daheim, in seiner Berchtesgadener Heimat, aussehen und sich bewegen würde.

Ein Bursch, ein stattliches Mannsbild in lederner Bundhose und feschem Janker, daran große Hirschhornknöpfe. Er geht mit behäbigem Schritt durch die Bergstadt, er grüßt diesen und jenen. Er bleibt stehen und reicht einem hübschen Mädl die Hand ...

Teichmann lächelte, den Blick auf Brunners Rücken gerichtet. Mechaniker ist er, dachte Teichmann. Wenn wir den Weg, den langen, schaffen, wenn wir wieder die Heimat erreichen, wird Loisl sich wieder an den Schraubstock stellen und arbeiten. Vielleicht sehe ich ihn eines Tages wieder. Wir werden dann von dieser Zeit sprechen, wir werden sie dann leichter finden, als sie es jetzt ist.

Sie hatten die sanfte Biegung der Waldstraße hinter sich gebracht; jetzt lief sie schnurgerade weiter. Weit vorne schien der Wald zu Ende. Dort klaffte eine Lücke, durch die die Straße in freies Land hinausführte. Dort irgendwo musste Linkö, das russisch-finnische Dorf liegen: die gefährliche Klippe, das Hindernis.

Unbehindert erreichte die Marschgruppe das Ende der Waldstraße.

Kurz bevor sie anhielten, bog Brennecke plötzlich in einen nach links abzweigenden Weg ein; er war schmal und verschneit und führte in ein Gehölz. Wo der Weg eine Biegung vollführte und somit den Blick auf die Straße versperrte, hielt Brennecke an.

»So«, sagte er vergnügt, »bis hierher hätten wir's geschafft. Ging doch ziemlich flott. Jetzt fragt sich's, ob wir auch das letzte Stück gut überkommen.«

Er rief Teichmann und Brunner zu sich, und sie studierten die Landkarte. Landkarten aus dieser Zone waren nicht so verlässlich wie andere. Brennecke wusste das und deshalb beauftragte er jetzt Brunner:

»Du nimmst deine zwei Kumpel und schnupperst mal da vorne rum, wie die Lage ist. Gleich hinter dem Nest da, Linkö, verläuft die Grenze. Fragt sich nur, ob sie noch Gültigkeit hat, oder ob die Russen weiter nach

Finnland vorgedrungen sind. Soviel wir im Lager gehört haben, sollen sie an der alten Landesgrenze haltgemacht haben.«

»Wir werden ja sehn«, meinte Brunner.

Er legte MG und alles Überflüssige vom Koppel ab und behielt nur die Eierhandgranaten und die Nullacht.

»Loisl«, mahnte Teichmann eindringlich, »pass auf, dass sie euch nicht erwischen.«

»Seht zu, dass ihr in spätestens einer Stunde zurück seid«, ließ sich Brennecke vernehmen.

Auch Drexler und Ferdl legten Spaten, Brotbeutel und Feldflasche ab. Nur ihre Karabiner und die Gewehrmunition behielten sie.

»Alsdann«, sagte Brunner, »haltet die Daumen, Kameraden, wir zittern jetzt ab!«

Ein lasches Grüßen, dann verschwanden die drei im Wald. Teichmann sah ihnen mit ernstem Gesicht nach und legte seine Hand auf Lämmers Schulter.

»Wie bist du beisammen, Franz?«, fragte er mit warmer Herzlichkeit den Kopfverletzten.

Lämmer lächelte schwach. »Ganz gut. Ich habe seit Langem kein Schädelweh mehr. Das macht wohl die gute Luft.«

Er sog die kühle Waldluft tief ein, schloss die Augen und machte halblaut: »Aaaah…«

Als Teichmann zufällig zu Brennecke schaute, begegnete er dessen lauerndem Blick.

»Na, wie geht's ihm?«, rief er herüber.

»Ganz gut«, antwortete Teichmann. Ihm wollte es dabei vorkommen, als mokierten sich die anderen beiden, und sie tuschelten miteinander.

Indessen hatten Brunner, Drexler und Ferdl Koch den Waldrand erreicht. Von hier aus verlief das Gelände in Mulden und einem flachen Hügelstreifen von West nach Ost. Drüben, etwa einen Kilometer entfernt, lagen ein paar Häuser zwischen Bäumen. Linkö, ein kleines finnisches Dorf.

»Saudumm, dass wir keine Schneehemden haben«, sagte Brunner. »Wenn wir so durchs Gelände latschen, können wir leicht vom Iwan ausgemacht werden.«

»Mensch, wo sollen wir denn Schneehemden herkriegen?«, maulte der Ferdl.

»Wälzen wir uns im Schnee«, schlug Drexler vor, »etwas bleibt schon kleben und das muss eben reichen.« Sie wälzten sich also im Schnee, aber als sie ein paar Schritte gelaufen waren, blätterte der schon wieder von den Mänteln ab, und die drei dunklen Figuren waren wieder weithin sichtbar.

Sie rutschten einen Muldenhang hinunter, klommen drüben wieder hoch und liefen geduckt auf eine Gruppe von Weidenbäumen zu. Ein von Büschen gesäumter kleiner Bach lief zum Dorf hin. Brunner und die anderen beiden bewegten sich vorsichtig am Ufer entlang. Linkö versteckte sich hinter dem flachen Hügel. Auf diesem befand sich ein niedriger und, wie es schien, total verfallener Schafstall oder so etwas Ähnliches. Auch bis dorthin gelangten die drei Landser.

Es war tatsächlich ein alter Stall. Das flache Dach war stellenweise eingebrochen, die Tür hing schief in einer rostigen Angel. Drinnen roch es nach Moder und altem Schafmist. Durch ein Fensterloch konnte man auf Linkö und links vorbei zu einem geschlossenen Waldstreifen sehen, in den die Straße hineinführte.

Aber da sahen die drei etwas, das ihnen den Mut raubte und alle Hoffnungen auf ein Durchkommen schlagartig zunichtemachte: Links des Dorfes, das aus nur wenigen Häusern und einer Holzkirche mit plumpem Türmchen bestand, war eine sowjetische Batterie in Stellung gegangen – mittelschweres Kaliber. Weiter rückwärts, in einer flachen Mulde, lagen eine Unzahl Trossfahrzeuge und Planwagen.

Von Linkö her kam eine schmale Straße, die hinter den Geschützen vorbei nach Westen verlief und wieder in einem Waldstück verschwand.

So weit Brunner schauen konnte, standen in mehr oder weniger großen Abständen russische Fahrzeuge entlang der nach Westen verlaufenden Blickrichtung.

Aus westlicher Richtung kamen jetzt sechs ... acht ... zehn LKW angerollt. Dort, wo die sowjetische Batterie in Stellung lag, ertönte das Knattern eines Krads. Eine Menge Gestalten liefen umher. Aus allem konnte man schließen, dass der sowjetische Aufmarsch an der Grenze ein geschlossener war und keinen Spalt für einen Durchschlupf offenließ.

»Mensch, die haben vielleicht einen Haufen Zeug«, murmelte Drexler, als er die vielen motorisierten Fahrzeuge sah.

»Da kemma wir nie durch«, meinte Ferdl. »Nie, sag i! Oder was meinst du, Loisl?«

Brunner starrte unbeweglich zu dem Treiben hinüber. Spitz sprangen seine Backenknochen aus dem Gesicht, der Mund sah wie ein blutleerer Strich aus. Dann sagte er mit schleppender Stimme: »Na ja ... da net, aber vielleicht woanders. Dort drüben ...!« Er deutet gegen Westen.

»Ich weiß net«, bemerkte Drexler, »ich hab so a komisches Gefühl, als ob es besser wär, sich gefangen nehmen zu lassen. Der Teichmann hat schon von Anfang an recht gehabt, gell?«

»Wieso?«, fragte Ferdl.

»Na ja«, meinte Drexler, »mir ist's allweil so vorgekommen, als dächt er an Gefangenschaft. Und jetzt, wo i den Massenbetrieb vom Iwan seh ... Leutln, man sollt sich's überlegen. I hab wenig Lust, mir noch in letzter Minute 's Licht ausblasen zu lassen.«

»Los«, sagte Brunner, »kehren wir um.«

Als sie wieder bei der wartenden Gruppe ankamen und berichteten, was drüben und längs der Straße zu seihen war, herrschte eine Weile beklommenes Schweigen. Dann meldete sich Brenneckes Stimme.

»Hört zu«, sagte er, »das soll uns nicht davon abhalten, uns um eine bessere Übergangsstelle umzuschauen. Drum: Auf geht's! Wir marschieren weiter!«

Es war inzwischen Tag geworden. Die Wolken hingen tief und sorgten für ein trübes Licht. Die Luft war feucht, und als die Gruppe eine halbe Stunde lang durch den verfilzten Wald gestolpert war, fing es wieder zu schneien an. Große Flocken sanken immer dichter herab, aber sie schmolzen sofort, und der Schnee wurde schwer. Er blieb an den Füßen kleben und machte das Gehen zur Qual. Nach einer weiteren halben Stunde durch unwegsames Waldgelände erreichten sie eine Lichtung.

Brennecke hatte sich indessen entschlossen, von hier aus einen Alleingang zu unternehmen und bis zur Straße vorzustoßen. Sie war nicht zu sehen, aber man ahnte, wo sie verlief. Brummen drang herüber, Motorengeräusche und sogar jenes beängstigende Klirren, das alle kannten: Panzerketten.

Noch einmal studierten Brennecke und der Unteroffizier die Karte, wobei sie zu der festen Überzeugung gelangten, dass die Grenze nahe sein musste.

»Sie liegt wahrscheinlich hinter der Straße«, sagte Brennecke. Dann ging er allein los.

Die anderen setzten sich in den Schnee und machten sich auf eine längere Wartezeit gefasst. Teichmann hätte es lieber gehabt, wenn einer von seinen Leuten mitgegangen wäre. Dieser Brennecke wollte durch! Erwog er auch die Chancen genau, ehe er die Kameraden nachholte, ehe man den Sprung, den Lauf nach drüben wagen konnte?

Brunner, der neben Teichmann saß und sich aus Pfeifentabak und Zeitungspapier eine Zigarette drehte, wandte sich plötzlich an Teichmann und fragte halblaut:

»Was hältst du von diesem Brennecke?«

»Kann ein tüchtiger Zugführer gewesen sein«, erwiderte Teichmann ebenso leise.

Brunner leckte das Zeitungspapier an und klebte das Tabakröllchen zusammen.

Teichmann gab ihm die Streichhölzer. Es waren nur noch sechs in der zerdrückten Schachtel.

Während Brunner den Stengel anzündete, sagte Teichmann mit gedämpfter Stimme:

»Im Leben lässt sich nur das erzwingen, was zu bezwingen ist, Loisl. Gestorben ist hier schnell, aber es kommt aufs Überleben an.«

Langsam kam Brunners düsterer Blick auf Teichmann zu. Ein ernstes Gesicht schaute herüber. »Werner, du meinst …?«

Teichmann nickte. »Weißt du, Loisl, als ich mich damals aufs Physikum vorbereitete, hatte ich das sichere Gefühl, ich fall durch ... ich schaff es nicht.«

Brunner grinste schwach. »Und jetzt hast du das gleiche Gefühl?«

»Mir kommt es so vor, Loisl. Wenn ich uns anschaue, ist es mir, als sähe ich Totengesichter.«

»Hab ich auch eins?« Brunner grinste nicht mehr. Er sah Teichmann tiefernst an.

Teichmann fummelte an der Brille herum, hob den schmalen Kopf, schob das spitze Kinn vor und schwieg.

»So red schon«, sagte Brunner und stieß ihn an.

»Alle, hab ich gesagt«, murmelte Teichmann.

Da fragte Brunner nichts mehr. Er rauchte und legte sich auf den Rücken in den Schnee. Es schneite in sein Gesicht.

Brennecke ließ lange auf sich warten. Als fast anderthalb Stunden verstrichen waren, kam er zurück. Er schwitzte, seine Miene sah finster aus.

Alle sprangen auf und umringten ihn.

»Gebt mir eine Zigarette«, schnaufte er.

Es stellte sich heraus, dass Koschinski noch Zigaretten hatte. Mit unbeweglichem Gesicht gab er Brennecke die Zigarette und steckte die Schachtel wieder weg.

Brennecke rauchte erst an, sog den Tabak tief ein, stieß ihn zischend durch die Zähne und wischte sich mit dem Handrücken über die nasse Stirn.

»Also«, fing er an, »jenseits der Straße liegt die Grenze. Da bin ich ganz sicher. Auf der Straße ist aber allerhand los. LKW in Massen, sogar Panzer. Sie sind längs der Straße in Stellung gegangen. Weiß der Teufel, warum. Drüben liegt nur Wald.«

»Kommen wir da durch?«, fragte Hartung.

Brennecke schaute auf die brennende Zigarette; er überlegte; dann kam die Antwort:

»Ein bisschen Schwein müssen wir natürlich haben. Wenn wir warten, bis es dunkel wird, denke ich doch, dass wir durchkommen.«

»Mensch, dann wird eben gewartet«, rief Hartung. »Oder ist wer anderer Meinung?«

Schweigen.

Auch Teichmanns Leute blieben stumm.

»Na schön«, sagte Brennecke. »Wir machen also Pause bis zum Abend. Sobald es dunkel wird, gehen wir los. Bis dahin: Freizeitgestaltung.« Er lachte.

Sie hatten Hunger und besaßen kein Brot mehr, sie hatten Durst und leckten Schnee. Ein paar legten sich in die Büsche und schliefen trotz der Nässe und Kälte.

Es schneite immer weiter. Am Nachmittag wurde aus dem Schnee ein heftiger Regen, der prasselnd in den Wald einfiel und die Schläfer weckte.

Mit umgehängten Zeltbahnen, wie graue Feldsteine, so saßen die acht Gestalten im Schneematsch und warteten auf die Dunkelheit.

Gegen drei Uhr verschwand plötzlich Koschinski mit der Begründung, er wolle mal nachschauen, ob irgendwo in der Nähe, im Wald neben der Straße, ein unbewachtes Fahrzeug stünde, das er ein bisschen visitieren könnte.

Anfangs war Brennecke dagegen und sagte: »Mensch, mach keinen Blödsinn. Wenn sie dich erwischen, ist der Bart ab.«

»Du kennst mich doch, Max«, erwiderte Koschinski. »Ich bin nicht blöd. Ein bisschen rumspionieren kann uns den Bauch füllen!«

»Dann hau ab«, murmelte Brennecke, und Koschinski tauchte zwischen den Waldbäumen unter, verschwand in Richtung der Straße, von der ab und zu dumpfes, fernes Schnurren und Brummen herüberdrang.

Teichmann sah dem Gefreiten mit gemischten Gefühlen nach. Koschinski war ihm unsympathisch, schon von Anbeginn der Bekanntschaft. Leute, die einem nicht in die Augen sehen konnten, waren für ihn verdächtige Charaktere. Und das Intermezzo vorhin mit den Zigaretten bestärkte ihn in der Annahme, dass dieser Koschinski egoistisch, geizig und vielleicht auch falsch war.

»Was meinst du, Werner«, ertönte dumpf Brunners Stimme neben Teichmann, »bringt der Koschinski etwas oder net?«

»Was weiß ich«, murmelte Teichmann. »Und wenn, dann kriegen wir von ihm das wenigste ab.«

»Ganz meine Meinung«, nickte Brunner. »Der Kerl taugt mir net, ich weiß net, warum.«

Teichmann wandte sich an Lämmer, der die ganze Zeit über keinen Laut von sich gegeben hatte. Bewegungslos, in seine pitschnasse Zeltbahn gehüllt, die Feldmütze schief am Kopf, so hockte er neben Teichmann. Er schien teilnahmslos, in Gedanken versunken.

»Na du«, sagte Teichmann freundlich, »du sagst ja gar nichts. Ist dir das Maul zugefroren?«

Da hob Lämmer den Kopf. Teichmann erschrak vor der Leere seines Blickes, vor dem stumpfen Gesichtsausdruck. Dann glitt ein blödes Lächeln über dieses Gesicht, und Lämmer sagte: »Die lassen uns so lang aufs Mehl warten. Wo sie nur bleib'n, die Heinis?«

»Was für Heinis?«, forschte Teichmann und warf Brunner einen vielsagenden Blick zu.

»Na die von der Wangermühl«, erwiderte Lämmer.

Sein Geist war also wieder umnachtet und in einer absurden Vorstellung versunken.

»Ach so«, sagte Teichmann. »Na ja, sie werden schon noch kommen.« Dann winkte er Brunner, stand auf, ging mit ihm zur Seite und sagte zu ihm: »Loisl, hilf mir aufpassen, dass dem Franz nichts geschieht.«

»Wie meinst dös?«

»Brennecke und seine zwei bringen den Franz um, wenn er unterwegs durchdreht.«

»Die sollen sich unterstehen!« Brunner reckte sich und warf einen Blick zu Brennecke und Hartung hinüber. Die beiden lagen unter einer breitastigen Tanne und unterhielten sich leise. Eine Landkarte lag vor ihnen. Wahrscheinlich debattierten sie den weiteren Wegverlauf und die Marschrichtung.

Teichmann berichtete Brunner von dem, was Brennecke in der vergangenen Nacht angedeutet hatte, sagte auch das, was Koschinski wegen Lämmer vorgeschlagen hatte. Meldergang und so.

Brunner kniff die Augen zusammen. »Keine Bange, Werner, die tun dem Franzi nix zuleid, dafür steh ich ein. Im Übrigen sind dös in meinen Augen ganz niederträchtige Haderlumpen.«

»Reg dich nicht auf, Loisl. Unsere Wege trennen sich sowieso bald.«

»Hast du Hoffnung, dass wir durchkommen?«

Teichmann zuckte die Schultern. »Möglich, dass es dem einen oder dem anderen gelingt. Ich will nicht den Anspruch darauf erheben, dass ich es sein werde.«

»Das heißt also«, flüsterte Brunner, »dass du bereit wärst, in Gefangenschaft zu gehen? Gib's zu.«

Teichmanns Asketengesicht schaute an Brunner vorbei. Der Regen hatte die Brillengläser getrübt und machte sie blind. Mit Daumen und Zeigefinger beider Hände versuchte er, die Gläser klarzuwischen.

»Vielleicht bin ich feige«, sagte er nur so leise, dass Brunner es hören konnte. »Kann sein ...« Er zuckte die Schultern. »Jedenfalls weiß ich, dass alles, woran ich einmal geglaubt habe, in Konkurs gegangen ist, Loisl. Etwas aus dieser Konkursmasse aber will ich noch retten. Verstehst du das?«

»Du willst net krepieren?«, fragte Brunner.

»Nein, ich will nicht krepieren«, erwiderte Teichmann. »Dieses Elend, Loisl, ist irgendwann zu Ende. Ich will nicht das Letzte verlieren.« Er deutete auf Lämmer. »Schau ihn dir an, Loisl. Ist es nicht ein Jammer? Da sitzt der arme Kerl. Er war doch einmal normal wie wir, er hat mitgemacht, er hat Angehörige, die von ihm reden und auf ihn warten.«

»Worauf willst du hinaus, Werner?«, forschte Brunner ernst.

»Worauf ich hinaus will?«, wiederholte Teichmann mit bitterem Lächeln und sah Brunner an. »Ich bin nicht mehr der Oberjäger Teichmann, der Offizier werden wollte. Ich habe innerlich bereits abgemustert, Loisl. Ich will überleben, und ihr sollt es auch. Der Einsatz, den der dort drüben verlangt ...« Teichmann deutete mit dem Kopf zur Tanne »lohnt sich nicht mehr. Wir riskieren etwas, das uns nichts einbringt. Höchstens einen Kopfschuss oder sonst einen Treffer ins Schwarze.«

»Du gehst net mit?«

»Nur, wenn die dort mich zwingen.«

»Der Brennecke wird's!«

»Ich weiß«, nickte Teichmann. »Aber – warten wir ab.«

»Sei still«, raunte Brunner, »er kommt rüber. Er hat was spitzgekriegt.«

Tatsächlich war Brennecke aufgestanden und kam heran. Lauernd sah er erst Teichmann, dann Brunner an.

»Na, was habt ihr zwei da ausgehandelt?«

Brunner gab die Antwort: »Mal überlegt, wer von uns es schaffen wird.«

»Alle schaffen wir es«, entgegnete Brennecke. »Und wer nicht, der … der ist selber schuld.«

»Sie könnten es auch sein«, sagte Teichmann.

»Na klar«, nickte Brennecke, »dann hab ich eben Pech gehabt.«

»So egal ist Ihnen Ihr Leben?«, fragte Teichmann.

Brennecke grinste spöttisch. »Egal oder nicht, Teichmann. Ich bin von Anfang an dabei, ich hab mehr als tausend Tote gesehen, ich lag sogar zwischen ihnen. Einmal hockte ich mit einem, dem ein Granatsplitter das halbe Gesicht wegrasiert hatte, eine ganze Nacht lang im Granattrichter. Seither ist mir der Tod egal.«

»Ich kann Ihre Meinung nicht teilen«, murmelte Teichmann.

Brenneckes Augen wurden schmal.

»Also die Hosen schon jetzt voll?«

Teichmann schaute an Brennecke vorbei. Zwischen den Bäumen kam eine Gestalt heran. Koschinski. Seine

Rückkehr enthob Teichmann der Antwort. Brennecke wandte sich ab und ging Koschinski entgegen. Der schleppte einen Sack auf der Schulter und winkte. »Kameraden, ich bring Futter!«

Im Nu war er umringt.

»Mensch, wo hast du das her?«, fragte Brunner, als Koschinski zwei schwarze Brote aus dem Sack holte und eine Riesenkonserve mit englischer Aufschrift: »Ham and eggs«.

Koschinski erzählte, es sei ihm gelungen, sich an einen russischen LKW zu schleichen und die Fourage zu klauen. Niemand habe ihn gesehen. »Es war ein Kinderspiel«, sagte er.

Brennecke lobte Koschinski, nannte ihn ein Genie, das die höchstmögliche Auszeichnung verdient hätte. Ein paar Minuten später saß man kauend im Schnee und genoss gierig die Beute.

Koschinski gab an, er habe eine günstige Durchbruchstelle ausmachen können. Man müsse noch dreihundert Meter westlich weitergehen, dann stieße man auf einen Waldweg, der auf die Straße einmünde. Kurz vor der Einmündung des Weges auf die Straße läge ein kleiner See, und der Boden dort wäre sumpfig. Die Russen hätten dort keine Fahrzeuge stehen. »Es ist die beste Stelle«, sagte Koschinski so überzeugt, dass die meisten zustimmend nickten.

Nach dem Essen verkrümelte sich ein jeder auf ein möglichst trockenes Fleckchen. Die drei Panzerjäger hockten wieder beisammen. Sie rauchten Koschinskis Zigaretten.

Teichmanns Gruppe hatte sich abgesondert und lag seitlich unter einem Busch. Brunner hatte zwei Zeltbahnen aneinandergeknüpft und eine Art Zelt errichtet, unter dem man leidlich trocken saß.

»Was sagst zu dem Koschinski?«, fragte Drexler. »Ist doch a Urviech, was?«

»So nobel hab ich schon jahrelang net mehr gefuttert«, lachte Ferdl.

Teichmann schwieg. Ihn beschäftigten noch immer Koschinskis Alleingang und der Beuteerfolg. War es wirklich so »kinderleicht«, sich an einen russischen LKW heranzuschleichen und Fourage unter der Plane hervorzuholen?

»Warum sagst nix, Werner?«, fragte Drexler und stieß Teichmann an.

»Ich weiß nicht recht«, murmelte Teichmann. »Die Sache gefällt mir irgendwie nicht.«

»Wieso?«, fragte Ferdl.

»Stimmt«, ließ sich Brunner vernehmen. »Dös kimmt mir selber a wengerl schleierhaft vor.«

Eine Weile herrschte Schweigen. Lämmer stopfte kleine Brotbissen in den Mund und kaute mit niedergeschlagenem Blick.

Plötzlich sagte Ferdl leise: »Werner, denkst etwa, der Koschinski ist a Schweinehund?«

»Quatsch«, murmelte Drexler. »Wenn er einer wär, hätten wir den Iwan schon längst am Hals.«

Da meldete sich Brunners Stimme: »Buam, mir hat dös Fressen a net richtig geschmeckt. Da war a besonderer Geschmack drin. So nach Verrat!«

»Du spinnst, Loisl«, knurrte Drexler. »Gefressen hast es doch! Wie sollt der Koschinski mit dem Iwan bekannt sein oder sich ihm vorgestellt haben, wenn er wieder zurückgekommen ist und bei uns sitzen bleibt!«

»Ich hab schon ganz anderes erlebt«, erwiderte Brunner und starrte zur Tanne hinüber, wo die drei Panzerjäger lagen und sich unterhielten.

»Du hast recht, Werner«, fuhr er mit nachdenklicher Miene fort, »irgendwas ist da net astrein. Ich hab's auch im Gefühl.«

»Meinst, dass der Koschinski a Verräter ist, dem wir aufsitzen?«, fragte Ferdl.

Brunner gab keine Antwort; er zuckte vage mit der Schulter und dann murmelte er: »'s wird sich ja zeigen.«

Langsam zog die Dämmerung herauf. Ein kalter Wind blies, und es regnete nicht mehr.

Kurz nach fünf Uhr gab Brennecke den Befehl zum Aufbruch und teilte die Marschordnung ein. Brunner sollte mit seinem MG und Drexler als Munitionsschützen unter Koschinskis Führung als erste Gruppe die Grenzstraße überqueren. Hartung mit dem zweiten MG, mit Brennecke und dem Rest der Gruppe sollten bis zur Grenzstraße und zum See vordringen, dort das MG in günstige Schussposition bringen und den Übergang Brunners und seiner beiden Leute absichern und Feuerschutz übernehmen. Der Einteilung nach würden also Brunner, Koschinski und Drexler als Erste drüben sein und dann ihrerseits der Restgruppe beim Übergang oder Durchbruch Feuerschutz geben.

Brenneckes Plan war gut. Es kam aber darauf an, den längs der Grenzstraße aufmarschierten Sowjets nicht aufzufallen. Alles hing davon ab.

»Schaut zu, dass ihr möglichst schnell und ungesehen rüberkommt«, beschwor Brennecke Brunner und seine beiden Leute. »Wenn ihr drüben seid und nichts dazwischenkommt, folgen wir im Abstand von genau fünfzehn Minuten nach. Brunner, du musst dafür sorgen, dass ihr unseren Übergang von drüben gut im Auge behalten könnt. Das wär's. Noch jemand eine Frage?«

Brunner meldete sich.

»Was dann, wenn der Russe uns spannt und schießt?«

»Dann nichts wie rüber und so schnell wie möglich von drüben her das Feuer eröffnen. Wir brechen dann auch durch. Dabei musst du aber aufpassen, dass du nicht uns erwischt ... So was soll bei euch ja schon vorgekommen sein.«

Brennecke spielte damit auf den tragischen Tod Amanns an. Keiner erwiderte etwas.

»Na denn«, sagte Brennecke, »ohne Tritt marsch, und Hals- und Beinbruch für euch!«

Bevor Brunner das MG schulterte, trat er zu Teichmann und gab ihm die Hand.

»Ich tu mein Bestes, Werner«, sagte er warm. »Sollten wir uns net mehr wiedersehen, dann mach wenigstens du es gut. Servus und behüt euch Gott mitnander!«, rief er den anderen zu, dann schulterte er das MG und ging voran, gefolgt von Drexler, der Teichmann, Ferdl und Lämmer nur grüßend zunickte, und Koschinski.

Teichmann sah den entschwindenden Gestalten mit widerstreitenden Gefühlen nach. Als sie verschwanden, kam es ihm vor, als stünde er allein und verlassen da.

»Fertigmachen«, erscholl Brenneckes Kommando, und dann folgten sie der schmalen Fußspur im Schnee.

Der Wind rauschte in den Baumkronen. Nässe raschelte herab und sprühte in die Gesichter. Teichmann ging hinter Brennecke, hinter ihm stolperte Lämmer. Der hatte seit Stunden kein Wort mehr gesprochen, aber er trollte hinterdrein wie ein folgsamer Hund. Hartung mit dem MG und Ferdl als Munitionsschütze bildeten den Schluss.

Es dunkelte bereits, deshalb beschleunigte Brennecke das Tempo. Schemenhaft bewegten sich weiter vorn die drei Gestalten der ersten Gruppe.

Jetzt erreichte man den schmalen Waldweg, an dessen Ende der kleine See, ein verschilfter Weiher mit Büschen am Ufer, und die Grenzstraße lag.

Man hörte ab und zu das Geräusch eines Motors, das wieder erstarb.

Brennecke bewegte sich mit immer deutlicher werdender Vorsicht; sobald Brunner und seine zwei Leute weiter vorn stehenblieben, gab auch Brennecke das Zeichen zum Halt.

Der Weiher tauchte auf. Bevor man auf die Grenzstraße gelangte, wölbte sich links, zwischen Grenzstraße und Weiher gelegen, eine buschbewachsene Erhebung, von der aus man auf die Grenzstraße und hinüber in den Wald blicken konnte.

Brunners Gruppe hatte den Weiher und die Erhebung erreicht. Es war noch so hell, dass man Koschinskis Armbewegungen sehen konnte, mit denen er auf die Bodenerhebung deutete.

Dann, nach kurzem Zögern, nach einem letzten Winken verschwanden die drei.

»Vorwärts, marsch-marsch!«, befahl Brennecke und setzte sich in Trab.

Da passierte ein Zwischenfall.

Lämmer blieb plötzlich stehen und schaute zurück.

»Los, komm Franz!«, rief Teichmann und packte Lämmer am Arm.

»Ich muss heim«, sagte Lämmer. »Der Laden wird zugemacht! Ich hab keinen Schlüssel.«

»Ich bitt dich, Franz, komm jetzt«, rief Teichmann und versuchte Lämmer fortzuziehen.

Brennecke, Ferdl und Hartung hatten bereits den Weiher und die Bodenerhebung erreicht. Hartung und Ferdl rannten hinauf und brachten das MG in Stellung. Brennecke stand noch am Weg und ruderte mit den Armen in der Luft herum, was bedeutete, dass Teichmann und Lämmer kommen sollten.

»Mach keine Faxen und komm jetzt«, schalt Teichmann und wollte Lämmer fortziehen.

Da riss Lämmer sich mit einem wütenden Laut los und rannte den Weg zurück. Der Mantel flatterte um seine Beine, ein Zeltbahnzipfel wehte hinterdrein.

»Franz!«, rief Teichmann unterdrückt. Er zögerte noch, er überlegte, aber seine Gedanken überschlugen sich. Nur eins wusste Teichmann: Ich darf ihn nicht im Stich lassen! Ich muss ihn zurückholen, und tue ich's nicht, dann stirbt er einen jämmerlichen Tod.

Da rannte Teichmann los und keuchte: »Franz, was machst du bloß? ... bleib stehen! ... warte! ...«

Er stolperte, er fiel hin, raffte sich auf, horchte mit fliegendem Atem nach rückwärts. Stille. Kein Laut.

Sie werden warten, dachte Teichmann, als er weiterlief und den Flüchtenden suchte. Aber von Lämmer war nichts zu sehen. Teichmann folgte seiner Spur.

Brunner, Drexler und Koschinski hatten inzwischen die Straße erreicht und blieben lauernd stehen.

Da sagte Koschinski: »Wartet da, ich sehe nach, ob die Luft rein ist. Wenn ich pfeif, kommt nach, und dann schnell auf andere Seite rüber.«

Brunner wollte noch etwas sagen. Er machte eine Bewegung, als wolle er Koschinski zurückhalten, ließ ihn aber gehen. Brunner und Drexler traten zwischen die Büsche und warteten.

»Alles ist stad«, flüsterte Drexler. »Mir scheint, die Gelegenheit ist günstig, Loisl.«

Brunner wechselte das MG auf die andere Schulter und horchte mit schief gelegtem Kopf in Richtung der Straße. Dann raunte er: »Du kannst sagen, was du willst: Ich trau dem Koschinski net. Der ist falsch! Der hat bestimmt was vor!«

»Meinst?« Drexler sah Brunner unsicher an.

»Machen wir uns auf Überraschungen gefasst«, murmelte Brunner.

Er nahm das MG in die Hüfte und ordnete den Munitionsgurt. Es gab ein leises, klirrendes Geräusch, als er durchlud und das MG entsicherte.

Von rückwärts, hinter den Büschen, ertönten dumpfe Geräusche. Jemand hustete unterdrückt. Die Gruppe Brenneckes besetzte den kleinen Hügel, von dem aus man die Straße überschauen konnte.

»Du«, raunte Drexler, »der Koschinski kommt nct. Ob wir mal selber nachschaun?«

Brunner zögerte, runzelte die Stirn; dann nickte er nur und ging auf den Weg zurück.

»Bleib dicht hinter mir«, rief er Drexler leise zu. »Wenn sich was tut – dann nix wie rüber und in den Wald 'nein.«

Von Koschinski war weit und breit nichts zu sehen. Er schien sich in Luft aufgelöst zu haben.

Aber weder Brunner noch Drexler hatten jetzt Lust, sich den Kopf zu zerbrechen. Mit dem sicheren Gefühl, dass dieser Koschinski sich dünnegemacht hatte, dass es besser sei, auf eigene Faust weiterzugehen, näherten sich Brunner und Drexler der Straße.

Das Tageslicht war im Verlöschen. Jenseits der Straße, durch ein verschneites Wiesenstück getrennt, in dessen Mitte eine Gruppe Birken standen, lag wieder Wald.

Vorsichtig spähte Brunner in beide Richtungen der Straße. Es zeigte sich nichts Verdächtiges. Die Straße war, soweit man sie übersehen konnte, einsam und leer.

»Los, rüber!«, befahl Brunner und lief geduckt über die Straße, dicht gefolgt von Drexler.

In diesem Augenblick begann rechts ein MG zu hämmern. Dreckfontänen spritzen vor und neben Brunner in die Höhe, die Geschosse zirpten wie böse Hornissen.

Brunner warf sich mit einem Hechtsprung in den jenseitigen Straßengraben und brachte blitzschnell das MG in Stellung.

Drexler, noch eine Körperlänge von Brunner entfernt, blieb plötzlich stehen, reckte sich, griff um sich und brach in die Knie.

Brunners MG begann zu rattern. Er schoss in die Richtung, aus der das MG-Feuer kam. Er sah, dass Drexler sich wieder erhob, nach den beiden Munitionskästen griff und mit einem letzten Satz neben Brunner landete. Die Munitionskästen purzelten neben Brunner hin, und Drexler wälzte sich mit einem stöhnenden Laut auf die Seite und streckte sich zuckend.

Mit zusammengebissenen Zähnen legte Brunner den nächsten MG-Gurt ein, dann prasselte Dauerfeuer los.

Brunner hörte nicht, dass auch von drüben ein MG zu rasen anfing. Er schoss mit blinder Wut dorthin, wo er winzige bläuliche Blitze aufsprühen sah.

Undeutlich vernahm Brunner ein Brüllen. Mit einem schnellen Seitenblick nach rechts, sah er Brennecke, Hartung und Ferdl vorbrechen und geduckt über die Straße rennen.

Der sowjetische MG-Schütze schoss Dauerfeuer und streute die Straße ab. Brennecke gelang es, herüberzukommen. Dann fiel Hartung, sich mit dem MG überschlagend, und auch Ferdl brach in einer MG-Garbe zusammen.

»Weg!«, keuchte Brennecke und warf sich neben Brunner auf die Erde. »Nichts wie weg, Brunner!«

Aber Brunner blieb liegen. Er verschoss den Gurt, legte blitzschnell den nächsten ein und feuerte weiter, bis weißlicher Dampf von der Waffe aufstieg.

Geradeaus wurde jenes Klirren laut, das Brunner nur zu gut kannte. Ein Sowjetpanzer rollte heran. Jetzt krachte der Abschuss. Die Granate fetzte in einen Baumstamm.

Brennecke rannte mit langen Sprüngen über das Wiesenstück und verschwand zwischen den Birken.

Als Brunner den Sowjetpanzer heranrollen sah, als zwei MG zu prasseln begannen und den Straßenrand zerfraßen, robbte auch er seitlich weg, sprang auf und rannte auf die Birken zu.

Noch zehn ... noch acht ... noch fünf Meter!

Dort, wo das deutsche MG stand, hielt der Panzer, drehte sich ruckartig und schwenkte das Rohr zu den Birken. Der Abschuss krachte, aber Brunner war bereits hinter den weißen Baumstämmen verschwunden. Eine Birke zersplitterte und sank mit pfeifendem Gezweig zu Boden. Drüben am Waldrand tauchten zwei geduckte Gestalten hinein und verschwanden.

Teichmann hatte Lämmer eingeholt. Er wälzte sich mit ächzendem Geheul im Schnee und wollte, als Teichmann auf ihn zukeuchte, aufspringen und weiterrennen. Aber er konnte es nicht. Er war gestolpert und hatte sich den rechten Fuß gebrochen.

»Franz!«, keuchte Teichmann, »Franz, so sei doch vernünftig, ich tu dir ja nichts!«

Lämmer winselte und kroch im Kreise, und als Teichmann nach ihm fassen und ihn hochzerren wollte, schlug er mit irrem Geheul um sich. Er schien völlig den Verstand verloren zu haben. Teichmann tastete nach der Null-acht, nestelte den Verschluss, doch als er den kalten Griff der Waffe berührte, zuckte seine Hand zurück.

Lämmer beruhigte sich langsam, tastete nach seinem rechten Bein und jammerte mit tierhaften Tönen.

Da kniete Teichmann neben dem Irren nieder und sprach ihn sanft an: »Franzi, ich tu dir ja nichts, ich will dir ja nur helfen. Was hast du?«

Jetzt sank Lämmer mit einem ächzenden Laut zurück und lallte: »'s tut so weh ... im Haxn ... es tut so weh!«

Teichmann betastete den Fuß und stellte fest, dass er oberhalb des rechten Knöchels gebrochen war. Der Fuß hing in unnatürlicher Weise verdreht herab.

Auch das noch, dachte Teichmann verzweifelt. Es ist, als ob sich alles gegen uns verschworen hat und uns vernichten will.

Lämmer wimmerte, aber er duldete es, dass Teichmann ihm den Schuh auszog. Als Teichmann den Knochenbruch abtastete, schrie er auf.

Was tut man in einem solchen Falle, versuchte Teichmann zu überlegen. Schienen! Mit Ästen schienen und bandagieren natürlich! Bandagen? Ich muss ein paar

Streifen vom Mantel reißen! Und dann ...? Wohin mit diesem Haufen Unglück?

Teichmann konnte plötzlich keine Hand rühren, sich nicht mehr bewegen. Er starrte durch die von Nässe beschlagenen Brillengläser einen nackten, verrenkten Menschenfuß an. Er sah, dass sich die schmutzigen Zehen dieses Fußes bewegten, und er hörte wie aus weiter Ferne Lämmers mattes Ächzen.

Nein, nein, dachte Teichmann, ist alles Wirklichkeit, es ist kein Albtraum. Hier ist Wald ... karelischer Wald, und der, der hier vor mir liegt, das ist das ärmste Schwein auf dieser Welt. Aber bin ich es nicht auch?

Teichmann nahm die Brille ab, das Halteband war wieder gerissen; er knüpfte es mit tauben Fingern wieder zusammen, aber als er die Brille aufsetzen wollte, war das Ohrenband zu kurz.

»Oberjäger«, ächzte Lämmer, »mich friert so.«

»Ja, ja ...«, murmelte Teichmann, »gleich, Franz, gleich. Ich muss nur meine Brille festmachen, sonst seh ich nichts.«

Da ertönte von dort, wo die Straße lag, das Tackern eines Maschinengewehrs, gleich darauf das Rasen eines deutschen MG. Teichmann hörte lange und kurze Feuerstöße. Die kurzen brachen ab, das langsame Hämmern hielt an. Dann noch ein MG.

Sie sind erwischt worden, wusste Teichmann. Sie sind nicht durchgekommen. Ich hab es geahnt! Und ich sitze da und lebe ... und der da lebt auch. Verdanke ich ihm das Leben? Oder wär es besser, man fiele auch? Wer wird alles fallen? Alle? Kommt keiner durch?

Fernes Motorengebrüll drang herüber, dann bellten ein paar Abschüsse aus einer Panzerkanone.

Teichmann lauschte mit offenem Mund. Seine Linke tastete nach Lämmers Hand. Die Hände fanden sich, klammerten sich aneinander, und dann ertönte Lämmers winselnde Stimme: »Geschossen wird ... geschossen! Da liegen Stahlhelme, so viele Stahlhelme.«

»Halt endlich die Schnauze!« Teichmanns Stimme überschlug sich. Er entriss Lämmer die Hand, hob sie zum Schlag ... und ließ sie wieder sinken. »Sei still, Franz«, murmelte er. »Ganz still sein, hörst du!«

Da schwieg Lämmer, er stöhnte nur leise.

Der Lärm drüben endete mit drei Abschüssen aus einer Panzerkanone. Kurz blieb es still, dann brummte ein Motor, Ketten klirrten davon und verstummten. Der Wind säuselte in den Waldbäumen.

Teichmann gelang es, die Brille festzumachen, und dann wandte er sich mit fremder Stimme an Lämmer und sagte: »Bleib liegen, ich muss dir jetzt den Fuß schienen.«

Mit diesen Worten fetzte er ein paar Streifen vom Mantelsaum. Es gab ein reißendes Geräusch, bei dem Lämmer den Kopf hob und fragte:

»Was machen Sie?« Seine Stimme klang plötzlich wieder normal.

»Bandagen«, erwiderte Teichmann. Er riss vier schmale Streifen vom Mantel, legte sie neben Lämmer, stand auf und brach ein paar Zweige.

Lämmer stöhnte, als Teichmann den gebrochenen Fuß schiente. Er tat es so rücksichtsvoll wie möglich, und wenn Lämmer dumpf aufbrüllte, mahnte er: »Gleich vorbei! Beiß die Zähne zusammen! Gleich vorbei.«

Und während Teichmann schiente und wickelte, überlegte er, wie dieses Elend weitergehen, wohin man sich wenden sollte. Er dachte an den Bunker bei Laksa. Aber der Weg dorthin war zu weit. Lämmer musste gestützt werden ... gestützt!

Teichmanns Gedanken entglitten der eigentlichen Frage und beschäftigten sich mit der Hilfsaktion. Er empfand heiße Freude darüber, als ihm einfiel, dass Lämmer sich zumindest teilweise selbst stützen konnte mit Krücken. Astkrücken.

Es war schon so dunkel geworden, dass Teichmann lange nach zwei passenden Aststücken suchte, die sich an einem Ende breit gabelten und als Krücke verwendet werden konnten.

»So, und jetzt steh auf«, knurrte Teichmann. Er half Lämmer auf das gesunde Bein, schob ihm die zwei Astkrücken unter die Achseln und befahl: »Jetzt probier zu gehen ... Kaputtes Bein anziehen! ... Geht es?«

»Ja ...«, ächzte Lämmer und versuchte die ersten Schritte, aber er war noch zu ungeschickt. Schließlich gelang es ihm aber doch, sich mühsam humpelnd voranzubewegen.

Sie gingen aber nicht weit. Als sie den Waldrand erreichten, blieben sie stehen, und Teichmann schaute in Richtung des Dorfes Linkö.

»Wohin jetzt?«, fragte Lämmer. »Herr Oberjäger, wissen Sie's?«

»Lass gefälligst den ›Herrn Oberjäger‹ weg«, raunzte Teichmann. »Sag Werner zu mir.«

»Ja, Werner«, murmelte Lämmer und ließ das Kinn auf die Brust sinken.

Lange standen sie am Waldrand und schwiegen. Lämmer lehnte sich an den Stamm einer Kiefer und stöhnte wieder. Er hatte Schmerzen.

»Hör zu, Franz«, sagte Teichmann endlich. »Es gibt jetzt nur noch eine Möglichkeit. Willst du sie hören oder weißt du sie schon?

Lämmer nickte und murmelte: »Gefangenschaft.«

»Einverstanden?«, fragte Teichmann. Seine Stimme klang ruhig und klar.

»Was bleibt uns denn anderes übrig«, murmelte Lämmer. »Mich friert so, mir ist so elend. Am liebsten möcht ich ster ...«

»Halt's Maul!«, unterbrach ihn Teichmann mit plötzlicher Barschheit. »Sterben ist zu einfach! Leben ist besser, aber das kostet Mühe. Wir wollen uns die Mühe machen, hörst du ... Ob du hörst!« rief er, als Lämmer schwieg.

»Ja«, kam es matt vom Stamm der Kiefer. »Ja.«

»Dort drüben liegt ein Dorf«, fuhr Teichmann fort. »Die Russen haben es besetzt. Es ist nicht weit, du wirst es schaffen, Franz.«

»Ich ... ich hab Angst«, murmelte Lämmer. »Sie werden uns umbringen.«

»Nein, sie werden es nicht. Wir sind am Ende der Angst, Franz. Ich weiß es genau, du ...« Teichmann lachte plötzlich, ein nervöses Lachen, und dann sagte er fast heiter: »Weißt du, dass du es warst, der unsern Heldentod verhindert hat? Wärst du nicht weggelaufen ... Mensch, ich könnt mich totlachen!« Teichmann lachte in sich hinein, er schüttelte sich vor Vergnügen und plötzlich brach er ab, fuhr sich über das Gesicht und murmelte: »Nein, nein, ich darf nicht lachen, alles ist so scheußlich ernst ... Komm jetzt, Franz. Gehen wir.«

Er schob seine Hand unter Lämmers Arm und zog ihn vom Stamm der Kiefer fort.

Sie stapften aufs freie Feld hinaus und schlugen die Richtung zum Dorf ein.

Es war schon völlig dunkel geworden. Der klebrige Schnee schimmerte. Dort, wo Linkö lag, stieg eine gelbliche Leuchtkugel hoch. Sie blieb eine Weile am Zenit stehen, verstreute ihr Licht und sank dann zu Boden.

Langsam wanderten die zwei dunklen Gestalten über das Weiß hinweg und dann verschwanden sie in einer Mulde.

Das Dorf bestand aus zwei Reihen niedriger Holzhäuser und einer Holzkirche auf einem Hügel. Große Bäume säumten es von allen Seiten. Die kurze Straße war vollgestopft mit russischen Fahrzeugen. Planwagen, LKW, Protzen und Karren. Die Luft roch nach Rauch und Machorka. Irgendwo in einem Stall wieherte ein Gaul. Die kleinen Fenster der Holzhäuser waren erhellt. Soldaten gingen aus und ein, spazierten auf der Straße, standen in Gruppen umher. In Linkö herrschte ungenierter Etappenlärm. Es durfte gelacht und gealbert werden. Die Armee hatte ja den großen Sieg schon so gut wie in der Tasche. Die Lockerung des soldatischen Treibens war selbstverständlich.

Mit abgeblendeten Scheinwerfern klirrten zwei Panzer, von der westwärts liegenden Ausfallstraße herkommend, ins Dorf und manövrierten zwischen die Häuser. Schwere Motoren brüllten noch einmal auf, verbreiteten Dieselgestank und verstummten. Rufe schwirrten durch die Dämmerung. Mitten auf dem Dorfplatz, nahe dem Ziehbrunnen, loderte ein mächtiges Feuer, um das sich angeheiterte Rotarmisten scharten. Sie sangen. Eine Ziehharmonika begleitete den Gesang.

Die sowjetischen Posten langweilten sich an den Dorfausgängen. Sie schwatzten miteinander, durften rauchen und brauchten keinen Anpfiff des Pruwodnik zu fürchten.

Hauptmann Boris Abramow, ein baumlanger, strohblonder Moskowiter, hatte mit seinen Offizieren ein ausgiebiges Nachtmahl mit reichlich Wodka genossen. Er schlief. In der Stube wurde bei Kartenspiel noch weitergetrunken. Die Trumpfkarten knallten auf den rohen Tisch, dass die Wodkaflasche erschrocken hochhüpfte und die trüben Schnapsgläser tanzten.

Eine Azetylenlampe gab grelles Licht, Tabakwolken, zum Schneiden dick, nebelten die Gesichter ein und zogen durch die offenen Fensterhöhlen ab.

Gerade als das Spiel zu Ende war und der junge Leutnant mit der Narbe auf der linken Wange seine Trümpfe auf den Tisch zählte, polterte ein Soldat herein, knallte die Haken zusammen und meldete, dass der Posten am Westausgang Linkös zwei Deutsche in Empfang genommen habe.

»Bring sie rein«, befahl der Leutnant. Und zu seinen Kameraden: »Noch ein Spielchen, meine Herren? Oder wollen wir uns erst mal die Deutschen betrachten?«

»Ich hab schon genug davon gesehen«, lachte einer der Offiziere. »Spielen wir weiter. Alexi, du bist dran! Du hast heute einen guten Tag.«

Der Posten war wieder verschwunden, kam aber gleich darauf noch einmal zurück und meldete die Gefangenen. Die Offiziere am Tisch schauten nicht auf. Die Karten interessierten sie mehr.

An der Tür tauchten zwei Jammergestalten auf, die eine, lang und hager, mit einer Gasmaskenbrille im

Gesicht, stützte die andere, einen abgerissenen Menschen auf Krücken und einem schmutzigen Heftpflaster über der Stirn.

»Das sind sie!«, meldete der Posten und ging wieder.

Die drei russischen Offiziere spielten erst die Runde zu Ende. Dann schauten sie zur Tür.

Teichmann und Lämmer versuchten strammzustehen. Es war ein erbärmlicher Anblick, ein Bild des Jammers. So also sahen Feinde aus, von denen sich das Kriegsglück abgewandt hatte und denen nicht mehr als das nackte Leben geblieben war. So sahen Menschen in Uniform aus, wenn sie den Krallen der Kriegsbestie entkommen waren.

Die Blicke der russischen Offiziere waren weder furchterregend noch feindselig. Etwas wie Mitleid spiegelte sich in den straffen Mienen.

Der Leutnant schob sich vom Stuhl hoch und kniff die dunklen Augen zusammen. Die anderen beiden drehten halb ihre Sitze und blickten neugierig auf die abgerissenen, hohlwangigen Kapitulanten.

»Spricht einer von euch russisch?«, fragte der junge Leutnant.

Teichmann glaubte, die Frage richtig verstanden zu haben, und schüttelte den Kopf.

Lämmer hing zwischen den Astkrücken und schluckte erregt. In seinen Augen stand unverhohlene Angst. Er zitterte. Der verletzte Fuß, unförmig und provisorisch geschient, hing schlaff herab.

»Junge, Junge«, sagte der Offizier mit dem glatten Gesicht und den etwas schief stehenden Augen, »die sehen ja ziemlich erbärmlich aus. Und mit so was raufen wir uns herum.«

»Sie werden zu denen gehören, die vorhin den Grenzübertritt versucht haben«, bemerkte der dritte Offizier. Er erhob sich, ging zu Teichmann und Lämmer und fragte in stark gebrochenem Deutsch: »Wo kommt ihr her?«

Teichmann stand stramm; er sah nichts. Die Brillengläser waren dicht beschlagen.

»Abschnitt Laksa. Vor einer Stunde versuchten acht Mann einen Durchbruch, etwa drei Kilometer westlich von hier.«

Der Offizier runzelte die Stirn und versuchte, das Deutsch zu verstehen, drehte sich zu den Kameraden um und sagte auf Russisch:

»Stimmt. Gehören zu denen, die gemeldet wurden.«

»Frag sie, ob noch irgendwo welche stecken«, befahl Leutnant Alexei und musterte Teichmann und den anderen mit menschlichem Interesse.

Der Frager von vorhin wandte sich wieder an Teichmann: »Wo sind andere Kamerad?«

»Tot«, antwortete Teichmann.

Der Offizier übersetzte wieder. Die beiden nickten. Dann sagte Leutnant Pjotr: »Ich denke, wir lassen den Hauptmann weiterpennen. Er wird die zwei armen Schweine morgen sehen und ausfragen. Oder sollen wir den Kerl holen lassen, der …?«

»Unnötig«, murmelte der Deutsch sprechende Offizier. »Geben wir ihnen etwas zu essen und schicken wir sie aufs Stroh. Die laufen bestimmt nicht weg.«

Leutnant Alexei schüttelte den Kopf und betrachtete noch einmal die zwei an der Tür stehenden Jammergestalten. Dann bemerkte er: »Menschenskinder, und so wie die zwei da aussehen, könnten wir aussehen, wenn wir nicht die Trümpfe in die Hände bekommen hätten. Pjotr, Drug, machen wir weiter und trinken wir lieber Wodka!«

»Karoscho«, nickte Leutnant Pjotr und setzte sich wieder an den Tisch.

»Hej, Urban!«, rief er zur Tür.

Der Posten kam herein und stand stramm.

»Gebt den Kerlen da etwas zu essen«, befahl er, »und sperrt sie dann irgendwo ein. Wassilij soll den dort behandeln. Ponjemaju, Urban?«

»Ponjemaju«, schnarrte der Posten und winkte den beiden Gefangenen mit dem Kopf.

Teichmann und Lämmer verließen den Raum. Der russische Soldat schubste sie hinaus.

Drinnen in der Stube sagte Leutnant Alexei zu Leutnant Pjotr: »Jetzt haben wir wieder einen Beweis dafür, dass die Deutschen auf dem letzten Loch pfeifen. In spätestens drei Monaten haben wir Berlin. Junge, Junge, darauf freu ich mich schon. Los, Pjotr, du bist dran!«

Die Karten knallten auf den Tisch, und das Spiel ging weiter, während die drei Spieler über die bankrotte deutsche Armee sprachen, deren Soldaten wie Bettler und gejagtes Wild umherirrten.

Man hatte Teichmann und Lämmer in eine finstere Scheune gebracht und jedem ein Stück Brot in die Hand gedrückt. Da es in der Scheune stockdunkel war, musste sich Teichmann mit einem Streichholz behelfen. Er fand genügend altes Stroh und Heu und half Lämmer, sich hinzulegen.

Sie aßen wortlos und hoben sich einen Rest Brot auf. Teichmann hatte nur wenig Appetit. Er dachte an Brunner, an die Kameraden und stellte sich immer wieder die Frage, wer von ihnen durchgekommen, wer von ihnen nach drüben gelangt sein könnte. Seit Teichmann zum ersten Mal dem Feind so nahe wie vorhin von Angesicht zu Angesicht gegenübergestanden hatte, normale Menschengesichter gesehen, Blicke wahrgenommen hatte, in denen weder Hass noch Vorwürfe zu lesen gewesen waren – seit er die nach Machorka und Wodka riechende Stube verlassen hatte, fühlte er sich auf merkwürdige Weise geborgen, so als sei er am Ende eines langen, beschwerlichen Weges angelangt.

Die Furcht vor dem Ungewissen, die Angst vor dem Augenblick, in dem man dem Feind gegenüberstehen musste, den man mit Wut oder List bekämpft hatte, war verschwunden. Zurück blieb eine wohltuende Müdigkeit wie nach einem beschwerlichen Dauermarsch, wie nach einer entsetzlich mühevollen Arbeit, einer Fron, einer Strafarbeit im Steinbruch oder sonstwo.

Das Stroh- und Heugemisch, in das man den geschundenen Leib hineinlegte, schuf behagliche Wärme, die Finsternis ringsum, der verworrene Lärm draußen auf der Straße hatten nichts Beängstigendes mehr. Im Gegenteil. Nach der unheimlichen Stille des Waldes, nach der qualvollen Zeit im Bunker, nach den unseligen Stunden menschlicher Tragödien und Unzulänglichkeiten wirkten die Geräusche, wirkte sogar der muffige Geruch des Lagers besänftigend und schuf ein wohltuendes Gefühl der Geborgenheit.

Teichmann fragte sich, warum dieser Entschluss, der Wirklichkeit geworden war, der aus einer ausweglosen Lage heraus gefasst wurde, warum dieser Entschluss ihm zuvor als etwas Ungeheuerliches erschienen war.

Hätte man ihn früher gefasst, wären blutige Opfer erspart geblieben.

Was ist es nur gewesen, das uns so verbohrt gemacht hat? fragte er sich. Weswegen waren wir bereit, uns lieber den Kugeln des Feindes auszuliefern als zu kapitulieren? Der Fahneneid? Die Propaganda?

Teichmann horchte zur Seite.

Lämmer atmete nicht mehr. Und als Teichmann nach links tastete, berührte er Lämmers Gesicht, weiche Bartstoppeln, knochige Kanten.

»Bist müde jetzt, was?«, fragte er halblaut.

»Ja«, kam die Antwort.

»Tut dir das Bein sehr weh?«

»Ja.«

»Sicher kommst du jetzt bald in ein Lazarett, Franzi. In ein richtiges Bett. Jemand kommt und bringt dir heißen Kaffee und Essen, soviel du willst. Du brauchst nicht zu sterben, Franzi ... damit ist jetzt für uns Frieden geworden. Die Russen sind auch Menschen, du ... hast du die drei Offiziere gesehen? Doch sympathische Gesichter, was? Der eine, der mich angesprochen hat, was der für hartes Deutsch gesprochen hat! So kehlig, mit einem R, das rollt wie Bleikugeln auf einem Blech.«

Teichmann sprach mehr mit sich selbst. Er hatte die Arme unter den Kopf gelegt und schaute zum Scheunendach hinauf. Durch die Ritzen sah man am Himmel ein paar Sterne funkeln. Der Wind hatte sich gelegt, die Nacht klarte auf.

»Ja, siehst du, Franz«, fuhr Teichmann fort, »da hetzt man sich ab, da denkt man, es gäbe nirgendwo mehr ein Loch, und dabei ist das Loch so nahe gewesen ... so nahe.«

Teichmann schwieg und dachte den Gedanken zu Ende: So nahe, ja ... Und die anderen wollten es nicht sehen ... Oder doch? Warum dies alles ...? Vielleicht ist der Loisl durchgekommen oder der Walter ... oder der Ferdl. Oder keiner?

»Ich ... ich hab solchen Durscht«, ertönte eine matte Stimme und riss Teichmann aus seinen Gedanken.

»Du armer Kerl«, murmelte Teichmann. »Wart, ich schau zu, ob ich dir was beschaffen kann.«

Er wühlte sich aus dem Heu und wollte aufstehen, aber da näherten sich Schritte und Stimmen. Knarrend ging das Tor auf, und ein blaues Taschenlampenlicht fiel auf die Gestalten im Stroh. Eine tiefe Stimme sagte etwas auf Russisch, zwei andere Stimmen antworteten, und dann konnte Teichmann wahrnehmen, dass man eine Trage gebracht hatte, Lämmer aufhob, daraufbettete und hinaustrug.

Teichmann sah die dunklen Konturen hinausgehen, die breitschultrigen Figuren der Träger und daneben den Sanitäter. Eine Gestalt, nicht zu erkennen, blieb zurück, blieb im helleren Viereck des offenen Scheunentores stehen, kam langsam herein.

Teichmann hatte sich aufgesetzt und nahm die Brille ab. Er sah nichts, nur einen vagen Schimmer, und von diesem umgeben eine untersetzte Gestalt.

Plötzlich sprach die Gestalt. Teichmann empfand beim Ertönen der Worte einen Schlag, wollte aufspringen, vermochte sich aber nicht rühren.

Koschinskis heisere Stimme war es: »Teichmann, ich freu mich, dass ihr nicht mit draufgegangen seid. Hast Glück gehabt, zusammen mit Lämmer. Sie werden ihn jetzt behandeln. Die Russen sind keine Unmenschen, wirst es sehen, Teichmann. Sag jetzt, wie's passiert ist, dass ihr jetzt da seid und nicht drüben auf der Straße liegt ... wie ...« Er verstummte.

Teichmanns Verwirrung ließ nach. Wie kommt Koschinski hierher, schoss es ihm durch den Kopf. Was ist drüben vorgegangen? Er redet von »Glück« und steht selbst hier!

»Du ... du warst nicht dabei, Koschinski?«

»Ich war schon dabei, Teichmann, aber ... na ja, wie soll ich sagen?«

»Du hast sie auflaufen lassen? Du hast sie verraten, du Schwein!«, presste Teichmann hervor und sprang auf.

»Komm, red nicht so blöd«, sagte Koschinski zurückweichend. »Mir ist in letzter Sekunde klar geworden, dass es gescheiter ist, dazubleiben.«

»Du hast sie verraten, du ...!«, schnaubte Teichmann.

»Reg dich nicht auf, Teichmann«, rief Koschinski. »Ich will dir den Hergang erklären.«

»Du brauchst mir gar nichts zu erklären, du erbärmlicher Schuft ... du Dreckschwein!«

»Halt deine Schnauze!«, zischte Koschinski plötzlich und trat näher. »Sei froh, dass du davongekommen bist. Drexler, Hartung und der Koch sind gefallen. Ich habe keine Lust gehabt, auch zu krepieren. Durchgekommen sind lediglich der Brunner und der Brennecke.«

Teichmann hatte ein Gefühl, als müsse er sich übergeben. Er sah vollkommen klar, er wusste jetzt, wer den Fehlschlag herbeigeführt hatte. Teichmann dachte an die beiden Brote und die Konservenbüchse »Ham and Eggs«. Man hatte die Henkersmahlzeit aus den Händen eines erbärmlichen Verräters entgegengenommen! Er warf sich in den Strohhaufen und hielt sich die Ohren zu, um Koschinskis widerliche Stimme nicht mehr anhören zu müssen – seine fadenscheinige Behauptung, er sei den Russen in die Hände gelaufen, aber da er russisch sprechen konnte, habe man ihm nichts getan und ihn nach Linkö gebracht.

»Mensch, ich kann frei rumlaufen«, erklärte Koschinski. »Der Kapitan hier ist ein feiner Mensch. Ich werd für euch reden, Teichmann ... bestimmt! Kannst dich drauf verlassen, dass ich für euch reden werd. Ihr kommt in ein gutes Lager, das versprech ich euch.«
»Hör auf!«, ächzte Teichmann ins Stroh. »Verschwinde, du Lump, du Schwein! Du hast die Kameraden auf dem Gewissen!«

Da wandte Koschinski sich zum Gehen. Bevor er die Scheune verließ, drehte er sich aber noch einmal um und rief herüber: »Im Krieg sind alle Mittel erlaubt, Teichmann. Ich hab das vernünftigste angewendet, weil ich den Irrsinn satt gehabt hab, satt, satt bis obenhin! – Und jetzt geh ich zu Lämmer und schau, dass der arme Kerl anständig behandelt wird. Wir sehen uns wahrscheinlich morgen wieder. Spokoinoj notschi, Towaritsch Teichmann.«

Koschinskis untersetzte Gestalt verschwand. Draußen ertönten Rufe und Stimmen. Im offenstehenden Scheunentor ragten die Konturen dunkler Bäume, und darüber flimmerte der Sternenhimmel. Werner Teichmann lag auf dem Bauch und weinte plötzlich in den Arm hinein, er weinte hemmungslos wie ein Kind.

Der Tag war hell und kühl; die Sonne schien, und am Himmel zogen weiße Wolkenballen gen Westen. Teichmann schlief den Schlaf vollkommener Erschöpfung.

Als er wach wurde und sich mit einiger Mühe zurechtgefunden hatte, fühlte er sich gestärkt und erfrischt. Er blieb aber liegen und lauschte den Geräuschen in der näheren Umgebung. Im Dorf herrschten reger Lastwagenverkehr und verworrener Lärm. Von irgendwo her drang ein langer Kommandopfiff und dann das beklemmende Dröhnen und Klirren fahrender Panzer.

In Teichmanns Kopf wiederholten sich die vergangenen Ereignisse und die Begegnung mit Alfred Koschinski. Er hatte überlebt auf Kosten der Kameraden, er hatte sie mit einem Judaslächeln verraten. Teichmann empfand Zorn und Ekel für diesen Menschen. Er erhob sich mühsam, klopfte die Strohhalme vom zerknautschten Mantel, band die Brille fest und schaute sich um.

Neben seinem Lager wölbte sich ein zweites, leeres. Wo war Lämmer? Im Krankenrevier? Hatte er vielleicht wieder einen Tobsuchtsanfall bekommen? Hatte man ihn wie einen Kranken behandelt, oder ... Der Feind hatte sich bisher human gezeigt. Wie lange noch? Wie ging alles weiter? Man war gefangen, und Gefangenschaft war Stacheldraht und Demütigung.

Teichmann schaute hinaus und sah einen sonnigen Herbsttag, einen Tag voll winterlicher Kühle und strahlender Helle. Auf einem kleinen Bauernhof standen Panjefahrzeuge in Reih und Glied; das Schirrzeug hing über den Deichseln, russische Soldaten machten sich daran zu schaffen. Sie rauchten und redeten miteinander. Einer, ein großer, breitschultriger Kerl, lungerte mit quer über die Brust hängender MP herum. Der Wachtposten wahrscheinlich.

Teichmann nahm dieses fremde Treiben mit Staunen wahr, mit einem Gefühl von Unsicherheit und Misstrauen. Auf diese Menschen dort habe ich einmal geschossen, ging es ihm durch den Sinn, habe ich Handgranaten geworfen. Ich habe viele von ihnen entweder selbst oder durch mein Feuerkommando getötet. Es stünde ihnen zu, mich zu töten. Es ist ja noch Krieg.

»Höj!«, erscholl ein Ruf, und der Posten winkte Teichmann. »Germanski!«

Teichmann stellte fest, dass seine Knie zitterten. Mit unsicheren, schlurfenden Schritten ging er auf den Posten zu. Die Soldaten schauten herüber. Sie riefen sich etwas zu. Einer lachte und schlug sich auf den Schenkel.

Teichmann wusste, dass dieses Lachen ihm galt – seiner abgerissenen Figur, seiner traurigen Gestalt. In dem zerknautschten, beträchtlich kürzer gewordenen, zerfransten Mantel, der schlotternd seine magere Gestalt umgab, mit der deformierten Feldmütze auf dem Kopf, der komischen Brille im unrasierten Gesicht und der vornübergebeugten Haltung sah Werner Teichmann wenig soldatisch und schon gar nicht wie ein Repräsentant der deutschen Wehrmacht aus. Im Gegenteil. In den Augen der Russen verkörperte er in geradezu komischer Weise den geschlagenen Gegner.

Teichmann las diese Meinung aus den Mienen der grinsenden Rotarmisten. Ihr Hohn jedoch wirkte nicht bösartig, ihre Genugtuung nicht hämisch.

Der Posten, ein Mensch mit rundem Gesicht und pausbäckigen Wangen, dirigierte Teichmann in den Stall und hieß ihn, in den Holzzubern Wasser zu holen.

Es standen wohl zwei Dutzend Pferde im Stall, die Teichmann tränken musste. Anschließend bekam er von dem Posten einen derben Schulterschlag und eine Handvoll körnigen Machorka als Lohn angeboten.

Obzwar Teichmann Nichtraucher war, nahm er den Tabak und bedankte sich mit einem gemurmelten »Spassibo«.

Niemand kümmerte sich um Teichmann, und so wanderte er mit neugierigen Blicken die Dorfstraße entlang. Sie war ausgefahren und voll schmutzigem Schneematsch. Vor jedem Russen, der ihm begegnete, wich er scheu zur Seite.

Warum kümmert sich niemand um mich? überlegte Teichmann. Und dann fiel ihm ein, dass er noch seine Brieftasche, sein Soldbuch und alles hatte, was er in den Taschen trug. Koppel und Pistole hatte er im Wald zurückgelassen.

Ich könnte verschwinden, wenn ich wollte, ging es ihm durch den Sinn, und er schaute zwischen zwei Häusern zum Wald hinüber. Aber vor diesem Wald empfand Teichmann Angst und Beklemmung. Dieser Wald war ein Ungetüm, ein schwarzes Ungeheuer. Er wusste, dass er diesen Wald freiwillig nie wieder durchqueren wollte.

An einem der kleinen Holzhäuser hing eine weiße Fahne mit einem roten Kreuz. Das Krankenrevier!

Teichmann näherte sich dem Haus und schaute durch eines der Fenster. Er sah in einen niedrigen Raum, an dessen Wänden entlang Stroh aufgeschüttet war, auf dem ein paar Kranke lagen. In der Mitte stand ein wackeliger Tisch, darauf lagen Medikamentenschachteln, dazwischen stand eine riesige Teekanne.

Er strengte die Augen an, putzte sich rasch die Brillengläser, um deutlicher sehen zu können und hielt nach Lämmer Ausschau.

In der rechten Stubenecke lag jemand mit einem schneeweißen Gipsbein auf dem Stroh. Man hatte es auf einem Strohballen hochgelegt. Lämmer lag auf dem Rücken, zugedeckt mit einer grauen Kotze. Er hatte den Kopf zur Seite gedreht, rührte sich nicht und schien zu schlafen.

Teichmann zögerte nur kurz, dann betrat er das Krankenrevier, stieß vorsichtig die Stubentür auf und schaute in den Raum. Er roch nach Lysol.

Da kam jemand. Teichmann drehte sich um. Ein kleiner Russe stand vor ihm; am Ärmel trug er das Sanitäterabzeichen.

Er fragte etwas, worauf Teichmann nur in die Stube deutete und »Kamerad« sagte.

Der Sanitäter rief »Aja« und nickte zustimmend. Er schubste Teichmann sanft in den Raum und sagte etwas auf Russisch, das er nicht verstand.

Lämmer schlief, als Teichmann neben ihm niederkniete und auf ihn hinabschaute. Das gebrochene Bein war sauber eingegipst worden, auf dem Gips war mit Tintenstift das Datum gekritzelt.

Teichmanns Blick glitt über Lämmer hinweg und blieb an zwei grauen Augen hängen.

Der Russe lächelte und sagte: »Kamerad gutt, gutt«, und dann vollführte er die Geste des Schlafens.

»Spassibo«, murmelte Teichmann. »Spassibo.«

Der Sanitäter erwiderte etwas, winkte Teichmann zum Tisch, goss in einen Blechnapf rabenschwarzen Tee und reichte ihn herüber. Und Teichmann trank. Der Tee war kalt, aber er schmeckte ausgezeichnet.

Schade, dass ich kein Russisch kann, dachte Teichmann. Ich möchte diesem Menschen danken. Ich möchte ihm sagen, wie ich mich freue, und dass alle Grausamkeiten des Krieges jetzt vergessen sein sollen.

Der Russe grinste und kam um den Tisch herum, packte Teichmann am Arm und gab zu verstehen, er könne sich auch aufs Stroh legen und schlafen.

»Njet«, verneinte Teichmann lächelnd. Und auf Deutsch: »Ich bin nicht mehr müde.«

»Nie ponjemaju«, grinste der Russe. Dann rief einer der anderen Kranken, und der Sanitäter ging zu ihm hin, redete mit ihm und holte etwas vom Tisch.

Plötzlich schaute ein Gesicht zum Fenster herein. Teichmann erkannte es sofort. Es war Koschinski.

Kalte Wut stieg in ihm hoch, das Verlangen, hinauszurennen, Koschinski zu packen und mit Füßen zu treten wie einen Hund. Aber als Teichmann hinaustrat, war Koschinski verschwunden.

An diesem Tag bekam er die Anweisung des Sanitäters, zwei kleine Stuben zu säubern, Wasser zu holen und sonstige Dienste zu verrichten. Dafür erhielt er mittags einen Napf voll Kascha, ein Brot und wieder eine Handvoll Machorka.

Es war gegen vier Uhr nachmittags, als Lämmer aufwachte und so laut zu heulen anfing, dass Teichmann, der draußen vor dem Haus mit einer Schaufel den Schneeschlamm zusammenkratzte, in die Krankenstube lief und sich seiner annahm.

Lämmer schien wieder seine Zustände zu kriegen. Er erkannte Teichmann nicht und rutschte mit aufgerissenen Augen, die Hand vorgespreizt, an die Wand.

»Franz, ich bin's doch!«, mahnte Teichmann. »Kennst du mich denn nicht?«

Die Russen hoben die Köpfe und schauten herüber, der Sanitäter kam heran und betrachtete Lämmer mit wachsamer Miene. Er rief den Patienten etwas zu, worauf zwei aufstanden und herankamen. Aber Teichmann winkte beschwörend ab.

Der Sanitäter stieß Teichmann an und fragte, indem er mit dem Finger an den Kopf tippte, ob Lämmer verrückt wäre. Teichmann verstand die Geste des Russen und schüttelte den Kopf. Er fürchtete, dass man Franzi in diesem Fall sofort beseitigen würde.

Teichmann wusste allmählich, wie man Lämmer besänftigen konnte. Er fragte ihn, ob er noch Schmerzen habe, lobte den tadellos angelegten Gipsverband und erreichte schließlich, dass die Anspannung aus Lämmers Miene wich.

Er grinste und dann sagte er: »Mir tut nix weh ... nur wenn ich drankomm, Werner.« Und dann fragte er leise: »Sind wir schon in Gefangenschaft? Da sind ja lauter Russen.«

»Sie tun uns nichts«, erwiderte Teichmann und lächelte. »Du siehst ja, wie sie sind. Der Sani hat dir das Bein eingegipst... und sogar das Datum auf den Gips geschrieben. Schau her, Franz.«

»Tatsächlich«, murmelte Lämmer und studierte das Tintenstiftgekritzel.

»Verhalte dich ganz ruhig«, mahnte Teichmann. Er hieß Lämmer, sich wieder hinzulegen, deckte ihn zu und sagte dann, als er lag: »Wir zwei bleiben beisammen, dafür werd ich schon sorgen, Franz.«

»Ja«, flüsterte Lämmer, »wir müssen beisammen bleiben, Werner.«

»Das geht aber nur, wenn du dich manierlich aufführst«, sagte Teichmann wie im Scherz.

Als er sich umschaute, sah er lauter forschende Gesichter, in denen sich deutlich Mitleid spiegelte.

Es kümmerte sich niemand um die beiden Gefangenen. Lämmer verblieb im Krankenrevier der Russen, und Teichmann wurde vom Sanitäter, der Wassilij Swettkow hieß und ein gemütlicher Feldwebel war, zu kleinen Arbeiten eingeteilt. Teichmann fegte die Krankenstube, holte Wasser, musste den Ambulanzraum schrubben, wickelte gewaschene Mullbinden. Dafür erhielt er Essen und ein Lager im hinteren Hauswinkel, Decken und ein russisches Kochgeschirr mit Löffel und Gabel.

Wie lange dieser Zustand dauern würde, konnte keiner wissen. In Linkö war viel los, da das Dorf im Schnittpunkt zweier Straßen lag und reger Verkehr herrschte. Teichmann sah eine Unzahl bespannter Kolonnen, die nach Nordosten oder Westen durchzogen. Schwere LKW zerwühlten die Straße. Am meisten staunte Teichmann, als er mithalf, die Verpflegungsfahrzeuge zu entladen. Sie waren voll beladen mit amerikanischen Mehlsäcken, Konserven und sonstigen Zuwendungen der Westalliierten. Sogar amerikanische Jeeps fuhren durch Linkö.

Koschinski ließ sich nicht mehr blicken, aber Teichmann beobachtete, dass er in der Kommandantur ein und aus ging, manchmal in Begleitung von Offizieren. Einmal wurde er sogar in einem PKW abgeholt und kam erst abends wieder.

Mit Wassilij Swettkow verstand Teichmann sich recht gut. Swettkow konnte ein paar Brocken Deutsch, und wenn die zur Verständigung nicht mehr ausreichten, dann benützte man die Zeichensprache.

Lämmer verhielt sich ruhig; er aß viel und sprach normal. Nur wenn Panzer vorbeirollten und das ganze Haus erschüttert wurde, trat wieder jener gehetzte, irre

Ausdruck in sein Gesicht, den Teichmann kannte und fürchtete.

Am zweiten Tag traf der Truppenarzt ein und hielt eine Visite bei den Kranken ab. Auch Lämmer wurde von dem kleinen, kugelrunden Mediziner untersucht. Wassilij sagte etwas zu dem Arzt, worauf dieser die Stirn runzelte und Lämmers Kopf abtastete, ihm unter die Augenlider schaute und sich wiederum eine Weile mit Wassilij unterhielt.

Auch Teichmann musste sich ausziehen. Angesichts seiner knochendürren Figur, der langen, abgemagerten Glieder schüttelte der Sowjetarzt den Kopf, befahl »Kehrt«, zog mit Daumen und Zeigefinder Teichmanns Gesäßhaut weg und ließ sie wieder los. Teichmann hatte keine Ahnung, was dies zu bedeuten hatte, doch auf diese Weise prüften die Sowjetärzte die körperliche Leistungsfähigkeit der Gefangenen. Auch die Brille Teichmanns wurde Gegenstand einer flüchtigen Untersuchung.

Unter einem vielsagenden Blick des Arztes, den Teichmann nicht zu deuten wusste, konnte er wieder verschwinden.

Es war zwei Stunden später. Der PKW, mit dem der Sowjetarzt gekommen war, stand drüben bei der Kommandantur. Teichmann war gerade dabei, den schlammigen Schmutz vor der Haustür des Krankenreviers mit der Schaufel wegzukratzen, als plötzlich Koschinski vor ihm stand.

Sie sahen sich an. Koschinski grinste. Teichmann wandte ihm den Rücken zu und kratzte weiter.

Da sagte Koschinski: »Du, ich bin nicht so, wie du vielleicht denkst.«

Teichmann gab keine Antwort und schaufelte weiter. Erst als Koschinski ihn am Arm packte und sagte: »Hör doch zu, was ich dir sagen will«, drehte sich Teichmann langsam zu ihm um und spuckte ihm vor die Füße.

»Schwein«, murmelte er nur.

Aber Koschinski grinste weiter. »Du wirst bald anders über mich denken, Teichmann. Bestimmt.«

»Ich werde dich immer nur als Schwein in Erinnerung behalten«, erwiderte Teichmann. »Und jetzt tu mir den Gefallen und verschwinde. Ich kann dich nicht mehr sehen.«

Koschinskis rundes Gesicht wurde ernst. Er sah ärgerlich aus.

»Du bist ein Trottel, Teichmann. Ein ganz großer Trottel, sag ich dir. Statt dass du dich gut mit mir stellst, raunzt du mich an. Mensch, Teichmann«, fuhr er in eindringlichem Ton fort und zupfte an Teichmanns Mantelärmel, »ich kann dir eine Fahrkarte in die Freiheit verschaffen. Wenn du willst! Für dich und Lämmer! Verstehst?«

Etwas in Koschinskis Ton ließ Teichmann aufhorchen. Er sah ihm prüfend in die Augen.

»Was heißt das?«, fragte er vorsichtig. »Ich versteh dich nicht.«

»Nu ja«, grinste Koschinski, »nimm an, ich hätte beim Pruwodnik eine Nummer.«

»Pruwodnik? Wer ist das?«

»Der Kapitän. Er ist ein feiner Mensch, ich versteh mich gut mit ihm. Rechtsanwalt ist er von Beruf. In Moskau. Er hat eine schöne Frau, die war vor dem Krieg ein paar Jahre in Deutschland, in Danzig und Stettin. Verstehst jetzt?« Koschinski stieß Teichmann an.

145

»Na und?«, fragte dieser. Er wusste noch immer nicht, worauf dieser Mensch hinauswollte, den er verachtete und hasste.

»Hör zu, Teichmann«, fuhr Koschinski fort, »es ist möglich, dass du zum Kapitän gerufen wirst. Und es ist möglich, dass er mit dir deutsch redet und dich fragen wird, ob du lieber dableiben oder heim willst. Was wirst antworten, wenn er dich so was fragt, ha?«

Koschinski blickte Teichmann lauernd ins Gesicht.

Der glaubte, nicht recht gehört zu haben. Er hielt Koschinskis Ankündigung für eitle Übertreibung, für Prahlerei, für eine Selbstüberschätzung. Hatte dieser fuchsschlaue Kerl wirklich Einfluss auf den Pruwodnik? Wollte Koschinski etwas gutmachen? Sich reinwaschen von seinem schmutzigen Verrat? Was war er überhaupt für ein Mensch? Er wurde nicht schlau aus ihm.

»Du meinst ...?« fragte Teichmann betroffen.

Koschinski nickte eifrig: »Nu ja, Teichmann, nimm an, ich wär nicht das Schwein, für das du mich hältst ... nimm an, ich will, dass du nicht nach Sibirien oder sonst wohin kommst. Vielleicht bin ich etwas anders, als du denkst, Teichmann.« Koschinski wandte den Blick ab und starrte auf die Dorfstraße. Seine Stimme klang gedämpft, als er fortfuhr: »Im Krieg gibt es solche und solche, Teichmann ... solche, die die Seiten wechseln, und solche, die es nicht machen.« Koschinskis Blick kehrte zurück und versuchte, durch die dicken Brillengläser des anderen zu dringen. Daber grinste er matt. »Nu ja, was soll es, Teichmann. Ich wollt dir nur andeuten, dass der Koschinski nicht gern gegen den Strom schwimmt. Ich hab einen Fehler gemacht in meinem Leben. Jeder macht Fehler, Teichmann. In ein paar Jahren, wenn alles vorbei ist, wird man nachdenken und alles, was war, für ein großes Abenteuer halten ... ein Abenteuer allerdings, das Millionen Menschen das Leben gekostet hat.«

Er machte eine wegwerfende Handbewegung. »Schluss jetzt, reden wir nicht mehr drüber, Teichmann. Halt dich bereit für eine Unterredung mit dem Kapitän. Ich werde dabei sein. Tu mir dann den Gefallen und spuck mich nicht an, hörst! Sei gescheit, und wenn du das bist, wirst du besser überleben, wirst deinen Vater, deine Mutter wiedersehen. Do swidanja, Teichmann.«

Der untersetzte Gefreite wandte sich ab und betrat wenige Sekunden später die Kommandantur.

Teichmann sah der Gestalt nach, dann schüttelte er den Kopf und schaufelte weiter.

»Jetzt weiß ich wirklich nicht, was ich von dem Kerl halten soll«, murmelte er.

Das, was Koschinski angekündigt hatte, ließ noch eine Weile auf sich warten. Erst am nächsten Tag wurde Teichmann von einem baumlangen Russen aufgefordert, in die Kommandantura zu kommen.

Teichmann ging mit heftigem Herzklopfen hinüber. Als er eintrat, saß der strohblonde Hauptmann hinter dem Tisch und schaukelte, die Hände über dem Bauch gefaltet, auf dem Stuhl. Am Fenster, im Schlagschatten des Tageslichtes, lehnte Koschinski. Er trug nicht mehr den deutschen Soldatenmantel, sondern Hosen, Stiefel und eine erdbraune gesteppte Jacke. Er hielt die Arme vor der Brust gekreuzt. Sonst war niemand da.

Der Offizier hatte sehr helle Augen und ein kupferfarbenes Gesicht. Die strohblonden Haare standen in einem reizvollen Kontrast zur Hautfarbe; sie waren kurz geschnitten und standen bürstenartig ab.

Teichmann nahm die Hacken zusammen und murmelte seinen Dienstgrad und Namen.

Der Offizier nickte nur; dann ließ er sich plötzlich nach vorn kippen, verschränkte die Arme auf dem Tisch und sagte in ziemlich gutem Deutsch: »Chaben Sie noch Ihr Soldbuch?«

»Jawohl«, erwiderte Teichmann. Er nestelte die Brieftasche hervor und nahm das Soldbuch heraus; dabei flatterte ein Bild zu Boden.

Teichmann hob es auf und legte das Soldbuch auf den Tisch.

»Was ist das?«, fragte Hauptmann Abramow mit einer tiefen, angenehmen Stimme.

»Das Bild meines Vaters«, sagte Teichmann.

Der Hauptmann nahm es und sah es aufmerksam an. Dann die Frage: »Was von Beruf ?«

»Lehrer.«

Ein heller Blick traf Teichmann. Dann nickte der Offizier und gab Teichmann das Bild zurück. Er griff nach dem Soldbuch und blätterte es aufmerksam durch.

Die Gestalt am Fenster rührte sich nicht.

Draußen erschollen Rufe und rumpelte ein Lastwagen vorüber. Plötzlich sagte der Offizier etwas zu Koschinski. Die Antwort kam rasch und kurz.

Der Offizier nickte und legte das Soldbuch zur Seite. Wieder traf Teichmann ein forschender Blick. Er ergriff musterte Teichmanns Figur. Sein Blick glitt von oben nach unten und wieder hinauf in sein Gesicht.

»Chaben Sie keine ... äh ... wie sagt man auf Deutsch, äh ...«

»Tapferkeitsauszeichnung«, kam es vom Fenster her.
»Chaben Sie sowas?«, fragte Abramow.
»Nein«, antwortete Teichmann.
»Warum nicht?«
Teichmann zuckte die Schultern. »Ich bin noch nicht lange an der Front.«
»Wie lange?«
»Knapp acht Monate.«
»Aber Sie chaben gegen die Rote Armee gekämpft?«
»Jawohl.«
»Wo?«
»Bei Wiborg.«
»Chatte Ihre Kompanie Verluste?«
»Jawohl.«

Abramow lehnte sich wieder zurück und verschränkte die Arme. Er musterte Teichmann seltsam aufmerksam. Dann glitt ein ironisches Lächeln über das streng geschnittene Gesicht. Es verschwand wieder, und er fragte: »Sie gehören zu denen, die vor drei Tagen auf Straße nach Vola geschossen chaben?«

Teichmann nickte. Er warf einen finsteren Blick zum Fenster hinüber, wo Koschinski stand.

Der Offizier folgte dem Blick. In seine Miene trat ein Ausdruck von Verachtung. Er nickte unmerklich und lehnte sich wieder vor.

»Karoscho«, murmelte er, nach einer Pappschachtel greifend, in der lange, mit Mundstücken versehene Zigaretten lagen. Er schob Teichmann die Schachtel zu. »Rauchen Sie?«

»Danke«, erwiderte Teichmann. »Bin Nichtraucher.«

Abramow murmelte etwas und steckte sich eine Zigarette zwischen die Lippen.

Sogleich Koschinski kam vom Fenster herüber und wollte dem Offizier Feuer reichen, aber Abramow übersah die Beflissenheit, zündete sich die Zigarette selbst an und schnippte das Streichholz über den Rücken in die Stube.

Koschinski grinste dämlich.

Plötzlich stellte Abramow die Frage an Teichmann, die Koschinski angekündigt hatte: »Wollen Sie in Sowjetunion bleiben, oder ...« – er dehnte die nächsten Worte: »Wollen Sie in Heimat zurück?«

Teichmann schwieg betroffen. Er starrte den Mann hinter dem Tisch an, er bewegte die Lippen, trat einen halben Schritt vor und fragte leise: »Ich ... ich kann nach Hause?«

Der Russe rauchte lässig und nickte, ohne Teichmann aus den Augen zu lassen; er schien sich über dessen Fassungslosigkeit zu amüsieren.

»Ja«, sagte der Russe, »wenn Sie wollen, können Sie.« Er sprang plötzlich so rasch auf, dass der Stuhl umfiel. Koschinski hob ihn auf. Abramow ging mit knirschenden Stiefeln zum Fenster und schaute hinaus.

Dann sagte er, ohne sich umzudrehen: »Denken Sie vorher nach, Teichmann. Denken Sie gut nach, bevor Sie antworten. Deutschland ist kaputt. Chitler chat es kaputtgemacht. Deutsche Volk wird Strafe bekommen für seine Hochmut ...« Er drehte sich um und sprach mit unterdrücktem Zorn weiter: »Deutsche Volk wird klagen und in Staub liegen. Es chat Krieg und Gesicht verloren! Jeder ist schuld! Alle!«

Abramow trat auf Teichmann zu. Der stand bewegungslos, mit hängenden Armen. In den Brillengläsern spiegelte sich das Tageslicht; sie funkelten, aber die

Augen hinter den starken Gläsern blickten ruhig und gefasst. Einen Schritt vor ihm blieb der Russe stehen und sah ihn finster an.

»So arm wie Sie«, sagte Abramow, »schauen ganze deutsche Armee aus. Ihr chabt tapfer, aber umsonst gekämpft. Die Sowjetunion ist Sieger! Sowjetsoldat! Russland! Verstanden?«

»Jawohl«, erwiderte Teichmann.

Abramow warf die Zigarette mit einer zornigen Bewegung fort und ging wieder hinter den Tisch. Koschinski trat die am Boden rauchende Zigarette aus, warf einen schiefen Blick auf Abramow und stellte sich ans Fenster.

Abramow setzte sich und strich sich mit der rechten Hand über das kurz geschnittene Haar. Er schien Zorn und Empörung niederzuringen, er kämpfte sich zu einem beherrschten Offizier zurück. Dann ertönte seine mäßig laute Stimme:

»Wir legen keine Wert auf Sie, Teichmann ... keine Wert auf Menschen, die nicht mehr Kraft chaben, die ...« Er winkte ab und schob Teichmanns Soldbuch herüber. »Nehmen Sie! Gehen Sie! Sie können gehen, wohin Sie wollen. Auch Kamerad mit kaputte Bein. Geht cheim und erzählt deutsche Volk, dass sowjetische Land groß und seine Soldaten Menschen sind! Menschen! Geht cheim und erzählt, dass Sowjetoffizier Menschen sind! Menschen!« Er hieb mit der flachen Hand auf den Tisch und sagte etwas auf Russisch. Dann wedelte er ungeduldig mit der Hand und rief: »Dawai, dawai!«

Er griff nach einem anderen Schriftstück, fing an, es zu lesen und würdigte Teichmann keines Blickes mehr.

Vom Fenster ertönte Koschinskis unsichere Stimme: »Hau ab, Teichmann, pack deine Klamotten. Du und Lämmer, ihr könnt heim.«

Teichmann legte die Hand an den Mützenschirm und klappte die Hacken zusammen.

»Danke«, sagte er.

Abramow überhörte es und machte sich am Tisch zu schaffen. Der Mann vor dem Tisch, der noch etwas sagen wollte, interessierte ihn anscheinend nicht mehr, schien für ihn Luft zu sein.

Da verließ Teichmann den Raum. Draußen musste er sich an den Türpfosten lehnen. Er schöpfte tief Atem. Die Unterredung mit dem Kommandanten hatte ihn erregt.

Vier schwere Panzer dröhnten an Teichmann vorbei, und er hatte plötzlich das Gefühl, als hätten diese Ungetüme nichts Gefährliches, nichts mehr Tödliches an sich – als wären sie nur mehr der Ausdruck, das Sinnbild der Kraft, des Sieges.

Die Sieger, dachte Teichmann, als er zum Krankenrevier hinüberging, die Richter über Deutschland und das deutsche Volk! Ich werde nicht in der grauen Kolonne der Demütigung marschieren, ich werde nicht hinter Stacheldraht leben. Jemand hat mir die Freiheit geschenkt, das Menschsein! Der Feind!

Und als Teichmann in das Haus trat, das nach Lysol roch, empfand er heiße Dankbarkeit für jenen Mann, der ihn mit einem einzigen Wink, mit einem einzigen Wort hätte hinter Stacheldraht, nach Sibirien schicken können.

Lämmer nahm das, was Teichmann ihm voller Freude berichtete, mit Gleichmut hin.

»A ja«, murmelte er nur, »das ist gut. Wann gehn wir denn?«

Teichmann erwiderte, das wisse er nicht, aber lange würde es wohl nicht mehr dauern. Worauf Lämmer wieder anfing, mit abwesender Miene Fäden aus der Decke zu zupfen.

Wassilij, der Sanitäter, musste etwas erfahren haben, denn er brachte eine halbe Stunde später einen Beutel mit Brot und russischen Rindfleischkonserven und übergab Teichmann mit einem gutmütigen Grinsen zwei Krücken aus Stahlrohr. Mit Zeichen und Gesten bestätigte Wassilij, dass der Entlassung aus Kriegsgefangenschaft nichts mehr im Wege stünde und Teichmann sich freuen könnte. Hunderttausenden anderen Kameraden erginge es ganz anders, gab Wassilij zu verstehen, und dann bedeutete er Teichmann noch, dass er sich bereithalten solle.

Es geschah aber nichts. Der Vormittag verging, und Teichmann musste zwei Verpflegungswagen ausladen. Hatte der Kommandant es sich anders überlegt? Hatte er nur für eine halbe Stunde den großzügigen Menschenfreund gespielt, den Offizier, der keinen Wert auf einen abgerissenen und zaundürr abgemagerten deutschen Gefangenen legte? Konnte man den Russen überhaupt trauen?

Teichmann fieberte auf eine Entscheidung und spähte oft zum Kommandanturgebäude hinüber. Aber es erscholl kein Pfiff, kein Zuruf, es kam kein Posten, der »Dawei, dawei!« rief und es fuhr auch kein Fahrzeug vor, das ihn und Lämmer wegbringen würde.

Von Koschinski war auch nichts zu sehen – Koschinski, der, wer weiß wie lange schon, mit den Sowjets unter einer Decke steckte und von Abramow ziemlich herablassend behandelt wurde. Hatte Koschinski es zuwege gebracht, dass dieser zwei Deutschen, anstatt sie ins Lager zu schicken, mit Herablassung und unter Hinweis auf die große Gnade der Sowjetunion den Laufpass gab?

Teichmann und Lämmer erhielten noch einmal warmes Essen. Es gab Bohnen und Fleisch. Noch während die beiden ihre Näpfe auslöffelten, bereiteten sich drei der Revierinsassen auf den Abtransport vor. Es waren zwei Fieberkranke und einer mit einem hässlichen Fußgeschwür.

Kurz nach ein Uhr fuhr ein Sanka vor. Zwei russische Sanitäter trugen die Kranken hinaus und verfrachteten sie in den Sanka.

»Geht's jetzt heim?«, fragte Lämmer.

»Weiß ich nicht«, erwiderte Teichmann und warf einen Blick zum Fenster hinaus. Eben wurde der Fußkranke in den Sanka gehoben. Die Hecktür stand noch offen. Wassilij unterhielt sich mit einem der Sanitäter, der die Hecktür schloss und verriegelte.

Nichts wird draus, resignierte Teichmann. Wir bleiben, wo wir sind. Der Kommandant hat es sich wahrscheinlich anders überlegt. Eine tiefe Niedergeschlagenheit ergriff von ihm Besitz. Schon wandte er sich vom Fenster ab und wollte Lämmer sagen, dass man doch wohl hierbleiben müsse, als plötzlich Koschinski eintrat und rief: »Los, ihr zwei, ab geht's! Beeilung!«

Lämmer lallte freudig, nahm die Krücken und stemmte sich allein hoch.

Teichmann packte sein Bündel und stützte Lämmer. Als sie an Koschinski vorbeigingen, fragte er ihn:

»Wohin kommen wir?«

Koschinski grinste. »Weißt du doch! Heim! Ihr seid entlassen. Für euch ist der Krieg aus. Da ...« Er reichte Teichmann zwei Scheine. »Das sind provisorische Entlassungsscheine«, erklärte Koschinski. »Wenn euch die Finnen was wollen, zeigt die Fahrkarte in die Heimat.«

Die beiden Scheine waren in russischer Sprache ausgestellt und mit Stempeln und Unterschrift versehen.

»Danke«, murmelte Teichmann.

Sie gingen hinaus. Die Hecktür des Sankas stand wieder offen. Lämmer und Teichmann stiegen ein, und als Teichmann Wassilij die Hand reichen wollte, drehte sich der Sanitäter plötzlich um und ging ins Krankenrevier zurück. Aber unter der Tür winkte er noch einmal kurz und mit einem freundlichen Lächeln.

»Dawai, dawai!«, rief der Sanitäter, der draußen stand, und knallte die Tür zu.

Wenige Augenblicke später brummte der Sanka davon. Durch die obere Türscheibe des Wagens sah Teichmann, dass Koschinski einen Jeep bestieg, den ein russischer Soldat steuerte und der, nachdem man Linkö passiert hatte, den Sanka überholte.

Lämmer hockte mit ängstlichem Gesicht auf der Kante der Tragbahre und hielt sich krampfhaft fest. Die beiden fieberkranken Russen lagen unten, der Fußkranke hockte vorne auf einer kurzen Bank und hatte das dick verbundene Bein von sich gestreckt.

Teichmann war erregt. Er starrte zum Heckfenster des Sankas auf die Straße hinaus. Links und rechts fing wieder der Wald an. Der Wagen holperte durch Schlaglöcher. Der fußkranke Russe fluchte. Einer der Fiebernden stöhnte.

Da ertönte Lämmers Stimme in das Brummen: »Werner, geht's wirklich heim?«

Teichmann sah ihn an und nickte. »Sicher.«

»Ich ... ich hab Angst, du«, stammelte Lämmer. »Die Russen sind falsch! Wirst sehn, Werner, sie bringen uns in ein Lager, wir kommen nie heim!«

»Wart ab, Franz.«

Die Fahrt dauerte keine zehn Minuten. Plötzlich hielt der Sanka. Die Hecktür wurde aufgemacht. Draußen stand einer der Sanitäter und winkte unwirsch:

»Dawai!« Er rief noch etwas und gab ungeduldige Zeichen.

Teichmann sprang aus dem Wagen und half Lämmer herunter. Die Hecktür knallte zu, der Sanitäter ging nach vorn und stieg wieder ein. Dann fuhr der Wagen weiter.

Teichmann schaute sich um. Auf der anderen Straßenseite zweigte ein Weg ab. Dort stand der Jeep. Der Motor lief, der russische Fahrer saß hinter dem Steuer und rauchte.

Koschinski kam über die Straße zu Teichmann und Lämmer herüber. Er hielt den Blick gesenkt, blieb dann vor den beiden stehen, deutete in den Wald und sagte: »Dort liegen sie.«

Teichmann drehte sich halb um und da sah er drei flache Hügel zwischen den Bäumen, und weiter drüben, da fing eine Wiese an, in deren Mitte eine Gruppe Birken wuchs. Halb rechts vorbei führte ein schmaler Weg in den Wald.

Es war jene Stelle, an der vor wenigen Tagen Ferdl Koch, Drexler und Unteroffizier Hartung gefallen waren. Ihre Gräber lagen rechts der Straße im Wald –

ohne Kreuze. Nur ein Ast und darauf eine durchlöcherte Feldmütze steckten auf den drei Hügeln.

»Wenn ihr geradeaus weitergeht«, ertönte Koschinskis leise Stimme, »seid ihr in ein paar Minuten drüben. Teichmann, hier hast du eine Landkarte. Ich hab dir die Marschlinie eingezeichnet.«

Teichmann sah Koschinski in die Augen. Plötzlich verspürte er keinen Hass mehr. Es war aber auch kein freundschaftliches Gefühl, das ihn überkam, eher ein prüfendes Schauen, ein Taxieren des anderen.

»Danke«, murmelte Teichmann und nahm die Landkarte an sich.

Da lächelte Koschinski und sagte: »Vergiss alles, Teichmann. Und denkst du noch mal zurück, dann sag dir: Es war eine wilde Zeit ... eine Zeit, in der die Menschen Bestien waren ... Wölfe, Tiger ... oder auch Füchse. Vielleicht war der Koschinski ein Fuchs. Geht jetzt. Macht's gut!«

Er machte auf dem Absatz kehrt und ging zum wartenden Jeep zurück.

Jetzt fiel Teichmann wieder auf, dass Koschinski schwarze Reithosen und russische Schaftstiefel sowie eine erdbraune Steppjacke trug. Er sah aus wie ein russischer Kommissar.

Der Jeep schoss mit einem Satz auf die Straße, drehte in Richtung Linkö und jagte davon. Eine Hand winkte, dann verschwand das Fahrzeug in der Biegung. Das Motorengeräusch erstarb.

Teichmann wischte sich über das Gesicht und murmelte etwas. Plötzlich fiel sein Blick auf eine Stelle neben dem Straßengraben. Sie war zerwühlt. Eine Unzahl leergeschossener Patronen lagen dort im welken Gras verstreut am Waldboden. Teichmann bückte sich und hob eine der Patronen auf. Es war eine deutsche.

»Komm, Werner«, sagte Lämmer. »Gehen wir jetzt.« Teichmann steckte die leere Patrone in die Manteltasche, warf noch einen Blick auf die drei Hügel und schob dann seine Hand unter Lämmers Arm.

»Ohne Tritt, marsch«, sagte er leise.

Der Soldat mit dem Gipsfuß, den Krücken, und der andere im kurzen, schlotternden Mantel mit einem Bündel in der Hand, gingen den schmalen Weg entlang über die Wiese hinweg, an den Birken vorbei. Gleich darauf verschwanden sie im Wald.

Der Wind rauschte in den Tannen, und über ihnen zogen Wolken gegen Westen.

Sie hatten die alte Landesgrenze längst passiert und kamen nur langsam voran; sie ließen sich Zeit. Lämmer musste sich erst an den Gebrauch der Krücken gewöhnen, aber er wusste bald, wie er sie aufzusetzen und den Körper mit dem schweren Gipsbein durchschwingen musste.

Als sie auf einem umgefallenen Baumstamm Rast hielten, zog Teichmann die Landkarte hervor und entfaltete sie. Es war eine russische Karte und, wie es schien, eine genaue Wiedergabe finnischen und teilweise schwedischen Gebietes.

Eine rote Linie war eingezeichnet; sie durchlief Finnland längs einer Straßenmarkierung und endete in Form eines Kreuzes bei dem schwedischen, dicht an der Grenze liegenden Ort Karungi. Über dem roten Bleistiftkreuz waren ein paar Worte hingekritzelt worden: »Versucht Schweden zu erreichen. Viel Glück.«

Die Worte waren mit einem »Kc« unterschrieben. Koschinski.

Was ist das bloß für ein Mensch? grübelte Teichmann, aber er konnte zu keinem Urteil kommen. Er sah sich außerstande, diesen Deutsch sprechenden Litauer zu analysieren. Es war und blieb ihm ein Rätsel, warum er auf deutscher Seite kämpfte, aus einem sowjetischen Gefangenenlager mit zwei deutschen Kameraden ausbrach, zwei russische Wachposten niedermachen half und dann schließlich Verrat an allen Kameraden übte, um letztlich als Berater und Gehilfe eines sowjetischen Kommandanten aufzutauchen.

Lämmer verhielt sich still. Er interessierte sich anscheinend weder für Teichmanns Kartenstudien, noch mochte ihm völlig klar sein, wie sich die Dinge entwickelt hatten.

Als Teichmann die Karte einsteckte, hob Lämmer den Kopf. Er grinste und dann fragte er: »Sind wir bald daheim?«

Teichmann runzelte die Stirn. »Es wird noch eine Weile dauern, Franz.«

Lämmer schloss die Augen. Das einfältige Grinsen blieb in seinem verwilderten Gesicht.

»Du«, murmelte er, »der Wald ... er riecht wie bei uns daheim. Merkst du es auch?«

Teichmann schaute sich um. Wie er diesen Wald hasste! Dieses tiefe Rauschen! Diese Stille! Und dennoch erwiderte Teichmann halblaut: »Ja, es stimmt!«

»Und wenn ich daheim ankomm«, fuhr Lämmer wie im Selbstgespräch fort, »wird meine Mutter mich fragen, wo ich so lange gewesen bin, und ich werde ihr sagen: »Mutter, weit weg war ich, in Russland!«

Er griff hastig nach den Krücken, spähte ängstlich den Weg zurück und rief: »Komm, Werner, gehen wir weiter, sonst erwischt uns der Iwan, und wir kommen ihm nimmer aus!«

Da stand auch Teichmann auf, nahm den Astknüppel und ging weiter.

Die beiden abgerissenen Gestalten tauchten wieder im raunenden Wald unter. Sie schlurften, stolperten, sie wichen morastigen Stellen aus, sie marschierten durch endlosen Wald. Der Pfad unter ihren Füßen verschwand oft, war manchmal nur ein Wildwechsel, dann wieder eine Spur, die Menschen angelegt zu haben schienen. Er schlängelte sich durch hohen, mächtig rauschenden Tannenwald, dann wieder über buschbewachsene, mit welkem Unkraut überwucherte Lichtungen hinweg. Immer öfters kamen sie an verschilften Seen vorbei, deren graue Haut der Wind kräuselte.

Es war kurz vor Einbruch der Dunkelheit, als Teichmann plötzlich stehenblieb und etwas aufhob. Es war ein Stahlhelm. Ein deutscher Stahlhelm.

Lämmer begann zu zittern und hob plötzlich den Krückstock.

»Schmeiß ihn weg!«, stammelte er und dann schrie er es noch einmal: »Schmeiß ihn weg! Der Kopf ... der Kopf ist drin!«

Schnell warf Teichmann den Stahlhelm in die Büsche und redete dann auf Lämmer ein, bis er sich wieder beruhigte. In seinem verwundeten Kopf erlosch die Erinnerung an einen anderen, grausigen Stahlhelm.

Die Nacht verbrachten sie in einer Rindenhütte. Sie stand am Ufer eines kleinen Sees und bot ausreichend Schutz gegen die kühle Nachtluft, den immerfort rauschenden Wind. Ein uraltes Fischernetz und ein morsches Ruder verrieten, dass vor langer Zeit einmal Menschen hier gewesen und dem Fischfang nachgegangen waren.

Wo waren Menschen? Wo war das Ende des Weges? Wo tat sich das Land endlich weit auf und zeigte ein freundliches Gesicht?

Lämmer schlief bereits und schnarchte. Teichmann aber lag wach. Er dachte zurück, dachte an den Beginn dieser Tragödie, an die vielen Toten. Die Dunkelheit ringsum und das Rauschen des Waldes verstärkten das Gefühl grenzenloser Einsamkeit und der Sehnsucht nach der Heimat.

Als Teichmann darüber nachdachte, was längs der Straße, die sie erreichen wollten, an Hindernissen oder Unheil lauern mochte, fiel ihm der Zettel ein, den er von Koschinski bekommen hatte.

Teichmann riss ein Streichholz an und studierte das Papier. Dabei hielt er den sowjetischen Stempel dicht vor die kurzsichtigen Augen. Er konnte die Unterschrift nicht entziffern. Sicher war es die des Kommandanten! Teichmann wusste nicht einmal dessen Namen. Brauchte es einen solchen? Nein!

Das Rauschen des Nachtwindes in den Bäumen lullte Teichmann allmählich ein; die Gedanken verwirrten sich, und das Letzte, woran er dachte, war Koschinski, wie er dastand, scheu auf die drei Gräber blickte und dann sagte: »Vielleicht war der Koschinski ein Fuchs ... Geht jetzt. Macht's gut.«

Die beiden Landser in der Rindenhütte schliefen bis zum Morgen. Teichmann wusch sich am See. Lämmer saß noch im faulenden Laub und aß ein Stück Brot; er schlang es hinunter, als habe er schon tagelang nichts mehr gegessen, und dabei horchte er mit schiefgelegtem Kopf nach draußen.

Dann kam Teichmann zurück; er pfiff halblaut vor sich hin und schien guter Laune.

»Wie weit haben wirs noch?«, fragte Lämmer im Flüsterton.

Teichmann lachte. »Noch weit, mein Lieber, aber du brauchst nicht zu flüstern. Hier sind keine Feinde, keine Russen, hier sind nur wir zwei.«

Lämmer schwieg und starrte seinen inzwischen völlig verschmutzten Gipsfuß an.

Der Morgen war klar und kühl. Ausgeruht zogen die beiden weiter. Sie folgten einem Pfad, der keiner und doch einer war. Manchmal lichtete sich der Wald und erweckte die Hoffnung, menschliche Siedlungen vorzufinden, ein Dorf, ein paar Hütten, aus denen Rauch aufstieg oder ein Hund kläffte. Aber dieses Land schien ohne Menschen. Nur Wald, Wald und wieder Wald.

Sie wanderten den ganzen Tag hindurch, hielten da und dort kurze Rast und marschierten dann wieder langsam durch die braungrüne Unendlichkeit. Einmal trat der Wald ganz weit zurück, und eine Ebene tat sich vor den beiden Wanderern auf. Der wellige Boden war mit bräunlichem Moos bedeckt, in dem silbrige Blumen wuchsen und sich auf niedrigen Stängeln im sanften Wind bewegten. Die ganze weite Ebene war mit solchen Blumen bedeckt. Teichmann steckte sich eine an die Mütze. Auch Lämmer wollte eine Silberblume haben.

Die Sonne schien ohne Wärme, aber sie schuf Helle und verjagte den Eindruck grenzenloser Öde und Verlassenheit. Sie gingen ohne Eile – der eine auf seinen Krücken, die er immer geschickter handhabte, und der andere mit langen, bedächtigen Schritten und ein wenig hängenden Schultern. Teichmann schien es, als würde die Stille, die Öde des Landes eine innere Langeweile erzeugen, die redefaul machte. In seinem Hirn entstanden viele Gedanken, aber sie blieben nicht, sie stellten sich nicht zur Befragung, sie entglitten wieder und kamen irgendwann zurück.

Die Füße trugen die Körper, und die Lungen atmeten laut. Meile um Meile verging, ohne dass sich irgendwo Menschennähe zeigte oder auch nur verriet. Keine Äcker, kein Fahrweg, nirgendwo eine dünne Rauchfahne am Horizont.

Nur wenn Lämmer oder Teichmann hustete, ausspuckte oder sich räusperte, zerbrach die gläserne Stille, und für ein paar Augenblicke wusste man, dass man nicht allein war, sondern sich gegenseitig zur Gesellschaft hatte.

Wie gut, dass der Schnee geschmolzen ist, dachte Teichmann. Hier von einem Schneesturm überrascht zu werden, würde das Ende bedeuten.

Das Ende?

Teichmann grübelte über das Wort »Ende« nach; er dachte an die, die am Ende angelangt waren und zurückgelassen werden mussten. Das »Ende« bedeutete im soldatischen Sprachgebrauch den Tod. Und wie viele lagen in dieser Einsamkeit? Nur Gedanken konnten sie finden, nur Gebete sie erreichen!

Nein, nein, es ist besser, nicht daran zu denken, sagte sich Teichmann. Wir haben die Chance zum Weiterleben bekommen, wir werden sie wahrnehmen.

Von einem seltsamen Lebensgefühl durchdrungen, marschierte Teichmann neben Lämmer her. Oft stützte er ihn und fragte, wie es ihm ginge, ob er müde sei und Rast machen wollte. Und wenn Lämmer dann Antwort gab, empfand Teichmann ein Glücksgefühl, das seine Stimme laut und klar machte und die Augen hinter den blanken Brillengläsern leuchten ließ.

Zwei Tage und zwei Nächte blieben sie in dieser Einöde, dann erreichten sie endlich eine Straße. Es war eigentlich nur ein Fahrweg, doch er führte durch Birkenhaine und dann hinaus in freies Land. Zwei große Seen lagen vor ihren Blicken und zwischen ihnen ein finnischer Bauernhof.

»Menschen«, murmelte Teichmann, als er das niedrige Haus und rundherum ein paar Schuppen und kegelartig gebaute Grashaufen sah.

Lämmer hing müde zwischen den Krücken und hatte den schmutzigen Gipsfuß auf den Boden gestellt. Er nickte nur und dann sagte er heiser: »Weiter geht's, Werner, wir sind bald daheim.«

Aber Teichmann zögerte noch. Er überlegte, ob es gut sei, sich dem Hof, den Menschen dort zu nähern. Er dachte daran, dass die Finnen jetzt mit Russland paktierten, dass Soldaten dort sein könnten. Teichmann konnte plötzlich nicht mehr daran glauben, der Fahrschein in die Freiheit habe noch Gültigkeit. Der einstmalige Waffenbruder, der finnische Soldat, war zum Feind geworden.

»Siehst du, ob sich drüben was bewegt?«, fragte Teichmann, dessen Sehkraft nicht ausreichte, um aus so großer Entfernung etwas zu erkennen.

»Nix seh ich«, sagte Lämmer.

»Auch kein Rauch aus dem Schornstein?«
»Gar kein Schornstein zu sehen.«
»Wir müssen vorsichtig sein, Franz.«
»'s ist keiner zu sehen«, murmelte Lämmer. »Los, gehen wir hin.«

Als sie bei dem Hof ankamen, sahen sie, dass er unbewohnt war. Die Ställe waren leer, leer auch die Stube im baufälligen grauen Haus aus verwitterten Holzstämmen. Das Dach war halb eingefallen, die Fenster ohne Scheiben. Leere gähnte und Verlassenheit. Zerbrochene Möbelstücke standen herum, im Hintergrund war ein Verschlag zu erkennen, wahrscheinlich handelte es sich um eine Schlafstelle.

Die Tür, verriegelt mit einem schweren Holzpflock, ließ sich leicht öffnen. Es gab einen ächzenden Ton, der sie erschrecken ließ.

»Hier bleiben wir«, sagte Teichmann, als sie in der finsteren Stube standen. »Schau, sogar ein Herd ist da. Vielleicht finden wir im Keller etwas zu essen.«

Lämmer humpelte zu dem Verschlag und schaute hinein. Etwas wie ein Bett mit einem Strohsack lag dahinter. Mit einem Seufzer ließ er sich darauf nieder, legte die Krücken zur Seite, rieb sich das Gesicht und betastete den schon längst wieder schmutzig gewordenen Heftpflasterfleck auf der Stirn.

Teichmann hatte eine Luke im Fußboden entdeckt, hob sie hoch und spähte hinunter. Aber es stieg nur muffige Kühle herauf. Modergeruch.

Da ließ Teichmann den Lukendeckel wieder fallen und schaute sich in der verkommenen, verfallenen Stube um. Über dem Herd, an der rußigen und an dieser Stelle gemauerten Wand, hing eine riesige, kohlschwarze Pfanne mit einem langen Stiel. Seitlich davon, an der Balkenwand, ein großer Fischkescher.

Ich werde versuchen, einen Fisch zu fangen, ging es Teichmann durch den Sinn.

Als er es Lämmer mitteilte, lag dieser bereits auf dem Bett und sagte faul: »Ja, ja ... versuch's. Ich bin fertig ... so fertig. Mein Fuß ist schwer wie Blei.«

»Aber sonst geht es dir doch gut, was?«

»Ja, einigermaßen.« Lämmer hatte die Augen schon geschlossen und schlief ein.

Teichmann legte ihm die Zeltbahn über, rückte den Gipsfuß zurecht und verließ dann mit dem Kescher das Haus.

Der See lag nur ein paar Steinwürfe weit entfernt. Teichmann stand lange auf einem morschen Steg und versuchte mit dem Kescher ein paar der spannengroßen Fische einzufangen, die sich im seichten Uferwasser tummelten. Schließlich gelang ihm ein kleiner Fang. Acht silbrige Fische zappelten im Netz, und Teichmann stolperte beglückt in das Haus zurück, entfachte ein Feuer und bereitete die Fische für ein Abendmahl vor. Er besaß zwar kein Fett, aber die Fische schmorten auch so in der Pfanne.

Die Sonne ging bereits unter, als er Lämmer aufweckte und ihm auf dem Kochgeschirrdeckel vier zusammengeschmorte, halb verbrannte Bratfische reichte.

»Mensch, wie hast du das gemacht?«, wunderte sich Lämmer und fiel über die Mahlzeit her. Trotz der primitiven Zubereitungsart schmeckten sie großartig.

Draußen wurde es rasch dunkel. Teichmann legte sich neben Lämmer auf das breite Lager und schaute zum Herd hinüber, wo das Holzfeuer verglühte. Sein rötlicher Schein schuf einen Hauch von Geborgenheit.

»Weißt du, Franz«, sagte Teichmann nach langem Schweigen, »ich war, als die Pleite anfing, so hoffnungslos, dass ich mir am liebsten eine Kugel ...«

Er brach ab, da Lämmer eine hastige Bewegung vollführte.

»Hör auf damit!«, stieß er hervor, »Sag so was net!«

»Entschuldige«, murmelte Teichmann.

Lämmer legte sich wieder hin und dann tastete er plötzlich nach Teichmanns Hand und drückte sie warm.

»Ich verdank dir viel, Werner, ich vergess es dir bestimmt nicht.«

»War doch alles selbstverständlich, Franz.«

»Sag das net, es war gar net so selbstverständlich. Ich hab wahrscheinlich ganz schön gesponnen, gell?«

»Manchmal.«

Lämmer schwieg eine Weile. Er zog seine Hand wieder zurück und sagte langsam: »Ich weiß, dass ich durchgedreht hab, Werner. Ich weiß es ganz genau.«

»Wie das? Wieso kannst du dich erinnern?«

»Net an das, was ich angestellt hab, Werner, aber ich weiß es, weil da ein Loch in der Erinnerung ist ... ein richtiges schwarzes Loch.«

»Du hast seinerzeit einen schweren Schock gekriegt.«

»Ja, so war's ... einen schweren Schock, Werner. Auch jetzt, wenn ich daran denk, als ich ... na, du weißt schon! Wenn ich daran denk, dann ist mir, als müsst ich losbrüllen und davonrennen.«

Teichmann richtete sich auf.

»Soll das heißen, dass du jetzt wieder daran denken kannst?«

»Ich will es net, Werner. Ich schieb es weg, wenn es auf mich zukommt.«

Teichmann versetzte Lämmer einen Schlag auf die Schulter und lachte.

»Mensch, dann bist du ja überm Berg, Franz! Sobald wir in Schweden sind, gehst du in ein Hospital und lässt dir den Splitter herausoperieren. Hernach erholst du dich ein paar Wochen, und dann ...«

Teichmann legte sich wieder auf den Rücken. Er dachte an das, was er nicht ausgesprochen hatte: an die Heimat, an Deutschland.

Da sagte Lämmer klar: »Und dann, Werner? Was dann?«

»Sie werden uns internieren.«

»Internieren? Was ist das?«

»In ein Lager stecken, wo wir das Kriegsende abwarten können.«

Lämmer rührte sich nicht. Drüben am Herd knisterten Funken.

»Bis Schweden ist noch ein weiter Weg«, murmelte Lämmer.

»Wir schaffen ihn bestimmt.«

»Ich glaub es auch«, erwiderte der andere und streckte den Gipsfuß mit einem wohligen Laut.

»Wir haben viel Glück gehabt«, ließ sich Teichmann vernehmen. »Eigentlich bist du der Anlass, dass wir überlebt haben, Franz. Weißt du das?«

»Ich glaub, das hast du mir schon einmal gesagt, Werner. Bei den Russen! Die waren doch eigentlich recht anständig zu uns, gell? Wenn ich so denk ...«

»Mir ist es auch ziemlich unverständlich«, murmelte Teichmann.

Sie unterhielten sich noch eine Zeit lang über Koschinski und kamen überein, dass wohl dieser die Wendung ihres Schicksals verursacht hatte. Dann wünschte Lämmer eine gute Nacht, wälzte sich auf die Seite und fiel sogleich in Schlaf.

Er ist überm Berg, dachte Teichmann, als er die ruhigen Atemzüge des Nachbarn hörte. Vielleicht haben ihn die einsame Natur und der Marsch durch die Einöden geheilt. Oder wurde er deshalb wieder normal, weil die ständige Todesangst von ihm gewichen ist? Er lauschte noch lange auf das Atmen neben sich, dann fielen ihm die Augen zu, und er schlief ein.

Draußen herrschte eine unwirkliche Stille. Der Mond kam und streute sein mageres Licht über die beiden spiegelglatten Seen. Weit drüben, am anderen Ufer, jagte ein großer Raubfisch und wirbelte das Wasser auf. Dann glättete es sich wieder, und irgendwo in der Nacht ertönte der Ruf eines Uhus.

Die rote Linie, die Koschinski auf der Karte gezogen hatte und die längs einer Straße in Richtung Nordwesten hinauflief, um bei dem roten Kreuz »Karungi« zu enden, das auf schwedischem Territorium lag, betrug nach Teichmanns Berechnung etwa 320 Kilometer. Wenn man eine Marschleistung von 25 Kilometer je Tag zugrunde legte, bestand die Hoffnung, Karungi in ungefähr vierzehn Tagen zu erreichen. Länger konnte die Marschzeit werden, wenn das Wetter sich verschlechterte. Aber der Himmel schien es mit den beiden Wanderern gut zu meinen. Er war wolkenlos und so unwahrscheinlich blau, als sei es Frühling und nicht Herbst.

Die Brotbeutel der beiden Soldaten waren fast leer; jeder besaß nur noch einen Rest Brot, von dem man ab und zu einen Happen abbiss. Längs der Straße, auf der sie marschierten, wuchsen viele Brombeersträucher mit großen rabenschwarzen Beeren. Die betäubten das Gefühl der Leere im Magen und erfrischten außerdem.

Der Weg war einsam wie das Land ringsum. Immer häufiger zeigten sich große und kleine Seen, aber kein Fischerkahn glitt über die grauen oder blauen Wasser, keine Hütte tauchte auf. Das Land schien menschenleer und verlassen.

Lämmers Zustand hatte sich erheblich gebessert, obschon er sich durch das Gehen an den Krücken beide Hände wundgescheuert hatte. Aber er jammerte nicht. Er war jetzt auch gesprächiger geworden und unterhielt sich mit dem Gefährten über vielerlei. So erfuhr Teichmann, aus welchen Verhältnissen Lämmer stammte, dass die Bäckerei in Würzburg schon Tradition habe und Lämmer, wenn er heimkäme, den Beruf fortführen würde. Er freute sich schon darauf und erzählte von den Nachbarn, von kleinen Episoden und Geschehnissen.

Teichmann war ein geduldiger Zuhörer und stellte gern Fragen, und Lämmer machte sogar den Vorschlag, dass Teichmann mit nach Würzburg kommen und eine Zeit lang bleiben sollte. Teichmann nahm diese Einladung mit Dank an.

Nachdem sie schon zwei Tage der unbefestigten Straße gefolgt waren und das letzte Brot verzehrt hatten und sich noch immer keine menschlichen Behausungen zeigten, verstummten die Gespräche, und man hörte nur das schleifende Schrittgeräusch und das Atmen der Lungen.

Am Spätnachmittag trat der Wald plötzlich zurück, und vor den Blicken der Wanderer lag ein Dorf mit größeren Häusern und einer turmlosen Kirche. Das Kreuz auf dem Holzdach fing die Sonnenstrahlen auf und leuchtete weithin.

Teichmann und Lämmer blieben vorsorglich noch am Waldrand und spähten scharf die Straße entlang. Da sahen sie, dass an der Straße nahe dem Dorf gearbeitet wurde. Gestalten liefen eifrig hin und her. Der Wind trug Stimmen und das Klirren von Werkzeugen heran.

»Kannst du erkennen, ob das Militär ist?«, fragte Teichmann.

Lämmer kniff die Augen zu einem Spalt zusammen und schaute lange hinüber, dann sagte er: »Mir scheint's, das sind Soldaten, die dort arbeiten.«

»Finnische?«

»Das kann ich nicht erkennen. Kann aber sein. Was sollten es sonst für welche sein?«

»Gefangene.«

Lämmer sah Teichmann besorgt an. »Unsrige?«

Teichmann nickte nur. Lämmer knurrte – es klang wie ein Fluch –, dann sagte er: »Da wird es besser sein, wir schlagen einen Bogen und schaun, dass wir so schnell wie möglich vorbeikommen. Ich möcht net noch einmal in Gefangenschaft –egal, in was für eine!«

Teichmann dachte nach. Er wusste nicht, in welcher Weise die Finnen jetzt mit ihren ehemaligen Kampfgefährten, den Deutschen, verfuhren. Das Blatt hatte sich gewendet. Finnland hatte sich den Sowjets unterworfen, demnach waren die Finnen ja auch gezwungen, die Deutschen gefangenzuhalten. Also konnten das dort drüben durchaus deutsche Kriegsgefangene sein!

»Los, marschieren wir weiter«, ließ sich Lämmer vernehmen.

»Vergiss nicht, dass wir nichts mehr zu essen haben«, gab Teichmann zu bedenken. Worauf Lämmer ärgerlich erwiderte:

»Mensch, willst du bei den Finnen fechten gehn oder wieder hinter Stacheldraht? Ohne mich, mein Lieber!« Er griff nach den Krücken und wollte aufstehen.

Teichmann hielt ihn davon ab. »Vergiss nicht, dass wir unsere Entlassungsscheine haben, Franz.« Er zog den seinen hervor und überzeugte sich nochmals, dass ein deutlicher Sowjetstempel und eine Unterschrift auf dem Geschreibsel waren.

Auch Lämmer studierte den Schein. »Ich weiß net recht«, murmelte er. »Ich hab zu dem Wisch so gut wie gar kein Zutrauen ... Du etwa?«

»Unsere Namen und Dienstgrade stehen darauf«, entgegnete Teichmann, »und Unterschrift mit Dienststempel der russischen Kommandantur. Ich denk doch, dass die Finnen das anerkennen, Franz.«

Lämmer schien nicht sehr davon überzeugt zu sein. Er schob den Schein in die Tasche und spähte misstrauisch zu der Arbeitskolonne hinüber. Er zählte und brachte 19 Mann zusammen; zwei davon trugen Gewehre und waren die Bewacher.

»Vielleicht kriegen wir irgendwo bei Zivilisten was zu essen«, meinte Lämmer. »Die Gegend scheint jetzt bewohnter zu werden. Riskieren wir lieber nichts. Wir wissen net, wie sich die Finnen verhalten, wenn sie uns erwischen. Jedenfalls hab ich ein ungutes Gefühl.«

Teichmann schwieg. Er dachte angestrengt nach und gab Lämmer recht. Man durfte nichts riskieren. Wer garantierte dafür, dass die Finnen die Entlassungsscheine anerkannten, die Schranken hochhoben und den Weg nach Schweden freigaben?

»Gut«, murmelte Teichmann, »machen wir einen Bogen. Aber wir müssen schaun, dass wir irgendwo ein paar Fressalien kriegen, sonst verhungern wir.«

Von dort, wo die Kolonne arbeitete, ertönten schrille Kommandopfiffe. Die Gestalten formierten sich schnell zu einer Marschkolonne. Ein Befehl erscholl, dann rückte die Kolonne mit geschulterten Werkzeugen ins Dorf ab. Plötzlich ertönte Gesang.

Teichmann und Lämmer sahen sich bestürzt an.

»Das kann doch einen Seemann nicht erschüttern«, klang es herüber, gesungen von deutschen Landsern, von Gefangenen der finnischen Armee, die nun auf Seiten der Sowjets stand.

»Da haben wir's«, murmelte Lämmer. »Jetzt pfeif ich auf den Entlassungswisch! Ich hatsche weiter, und wenn ich unterwegs zusammenbrech wie ein Maulesel unter zehn Mehlsäcken.«

Sie gingen nicht geradeaus weiter, sondern schlichen am Waldrand entlang um das Dorf herum. An der Ostseite sahen sie dann drei niedrige, mit Tarnflecken beschmierte Baracken, um die ein hoher Stacheldrahtzaun gezogen war. Außerhalb des Stacheldrahtes lag noch eine Baracke, in der wahrscheinlich die finnische Wachmannschaft hauste.

Der Gesang war verstummt. Vom Waldrand aus beobachteten sie, wie die Arbeitskolonne ins Lager einmarschierte.

»Ob auch welche von unserer Kompanie dabeisind?«, rätselte Lämmer.

Teichmann meinte, das könnte leicht möglich sein, zumal die Kompanie mit größter Wahrscheinlichkeit den gleichen Marschweg eingeschlagen haben würde, den sie beide gekommen waren; denn von Laksa führte praktisch nur diese eine Straße hierher.

Die beiden Landser standen noch eine Weile zwischen den Bäumen und schauten zum Lager hinüber. Man hörte Stimmen und Rufe, und dann trug ein Windhauch plötzlich den Geruch von Kartoffelsuppe heran.

Teichmann und Lämmer schnupperten gierig, sahen sich stumm an und gingen weiter. Ihre Mägen knurrten, die Beine wollten nicht mehr mitmachen. Es war höchste Zeit, dass man den ohnedies ausgemergelten Körpern wieder Nahrung gab. Aber woher nehmen, ohne hinter Stacheldraht zu landen?

Sie umgingen den Ort, dessen Namen weder in der Karte eingezeichnet noch durch ein Schild erkenntlich gemacht war. In nordwestlicher Richtung erreichte der Waldrand wieder die Straße, und dort, ein paar Steinwürfe weit im Freiland liegend, stand ein kleiner Hof, ein aus Balken zusammengefügtes Wohnhaus und zwei seltsam gebaute, sich nach oben hin verbreiternde Scheunen. Das Anwesen lag etwa einen halben Kilometer vom Ort entfernt und war bewohnt. Aus der Dachluke kräuselte dünner Rauch. Auf dem Hof vor dem Wohnhaus stand ein zweirädriger Karren, von dem jemand etwas ablud.

»Mensch«, murmelte Lämmer und stützte sich müde auf die Krücken, »ich kann nimmer, mir ist ganz damisch vor Hunger. Gehn wir rüber und fragen wir den Muschik, ob er uns was zu futtern gibt. Ich meine, Werner ... wie wir ausschaun.« Lämmer grinste matt.

Teichmann schaute unentschlossen zu dem kleinen Hof hinüber.

»Das kann schiefgehen, Franz«, sagte er dann.

Lämmer nagte an der Unterlippe. Dann erwiderte er entschlossen: »Lassen wir es darauf ankommen. Ich kann mir nämlich net vorstellen, dass diejenigen, die einmal für uns waren, jetzt gegen uns sind. Oder was meinst du, Werner?«

»Ich kenne die Finnen zu wenig.«

»Aber ich«, ereiferte sich Lämmer. »Es waren feine Burschen drunter, und dass sie zum Russen übergeschwenkt sind – wer kann es ihnen verübeln? Los jetzt, setzen wir alles auf eine Karte! Ohne Fressen kommen wir sowieso nimmer weit.«

Lämmer packte die Krücken fester, warf Teichmann einen aufmunternden Blick zu und schwang sich mit dem schlenkernden Gipsbein auf den Weg zum Hof hinüber. Teichmann folgte ihm.

Als sie sich dem Hof näherten, drehte sich der Mann, der gerade ein paar Säcke ablud, um und sah erstaunt auf die beiden Gestalten. Der Mann trug schwere Stiefel, eine geflickte Hose und eine verschlissene Leinenjacke von ehemals blauer Farbe. Er war untersetzt, hatte ein breites Gesicht und schiefstehende helle Augen. Als Kopfbedeckung trug er einen verwitterten Schlapphut.

Der Finne schaute unbeweglich herüber. Lämmer hastete auf ihn zu, blieb keuchend vor dem Bauern stehen und grinste.

»Verstehst du Deutsch, ha?«, fragte Lämmer.

Da geschah das Unerwartete: Der Mann nickte und erwiderte in zwar gebrochenem, aber gut verständlichem Deutsch: »Ein bisschen, ja. Wo kommt ihr her?«

Dabei glitt sein heller Blick über Lämmer, dann über Teichmann.

»Aus russischer Gefangenschaft«, erwiderte Teichmann. Er zog den Entlassungsschein aus der Tasche und reichte ihn dem Finnen. Der aber nahm ihn nicht, sondern warf nur einen kurzen Blick darauf und murmelte etwas Unverständliches.

»Wir sind schon fünf Tage unterwegs«, sagte Teichmann. »Wir haben nichts mehr zu essen. Würden Sie uns helfen? Wir kommen sonst nicht weiter.«

Wieder glitt ein prüfender Blick über die zwei Landser hinweg, dann nickte der Finne und sagte: »Kommt in mein Haus.«

In diesem Augenblick trat eine Frau aus der Haustür. Sie war von hohem, festem Wuchs, trug ein Kittelkleid und an den Füßen bis an die Waden geschnürte, bunt bestickte Schnabelschuhe. Ihr Haar war blond, straff nach hinten gekämmt und mit einem Band zu einem Pferdeschwanz zusammengebunden. Sie hatte graue, etwas schrägstehende Augen – ein ruhiges, weder schönes noch hässliches Frauengesicht mit vorstehenden Backenknochen und schmalen roten Lippen.

Der Mann rief ihr etwas zu, worauf sie die beiden Landser kritisch musterte. Eine Weile ruhte ihr Blick auf Lämmer, und in ihr Gesicht trat ein Ausdruck von aufsteigendem Mitleid. Dann erwiderte sie etwas und ging ins Haus zurück.

»Mensch, Werner«, sagte Lämmer, als sie dem Bauer folgten, »wir haben Glück, die zwei sind astrein! Wir brauchen net mehr verhungern.«

Die Bauernstube, die Teichmann und Lämmer betraten, war schlicht eingerichtet, aber blitzsauber. Der

Fußboden bestand aus gestampftem Lehm, ein paar
schwere Holzmöbel standen dort, ein klobiger Tisch,
darum herum drei Sitzklötze. An der Seite befand sich
ein offener Herd mit einem schwarzen Rauchfang. Ein
kleines Feuer brannte unter einem dreibeinigen, ruß-
geschwärzten Kessel. Im hintersten Stubenwinkel befand sich ein Verschlag, aus dem ein Kleinkind auf allen
Vieren herausgekrochen kam und lallte.

Die Frau hob das Kind auf, küsste es und steckte es
wieder in den Verschlag.

»Setzt euch«, sagte der Bauer und zog die Leinenjacke aus. Sein Hemd war bunt und oft geflickt. Er hatte breite Schultern und eine mächtige, gewölbte Brust.
Als er den Hut abnahm und an einen Nagel hängte, sah
man, dass er dunkelblonde Haare hatte, die ihm ver-
schwitzt am Kopf klebten.

Lämmer stellte die Krücken weg und sank auf einen
der Sitzklötze nieder. Teichmann nahm auf der anderen
Seite des Tisches Platz, legte die Mütze ab, fummelte an
der Brille herum und fragte den Bauern: »Wieso sprechen Sie Deutsch?«

»Ich hab es gelernt bei Militär.«

»Abgemustert?«, fragte Teichmann.

Der Bauer verstand das Wort »abgemustert« nicht
und ließ es sich von Teichmann erklären. Dann begriff
er und entgegnete, er habe Deutsch gelernt, als er in Kirkenes bei einer Jäger-Brigade unter deutschem Kommando gedient habe. Von 1942 bis 1943 im Herbst sei er
an der Front gewesen, sei dann verwundet und entlassen worden.

Teichmann und Lämmer lauschten dem harten
Deutsch mit Genuss und warfen sich erfreute Blicke zu.

Der Bauer nannte sich Huik Tekiö, seine Frau rief er Tonka. Sie brachte Brot und Ziegenkäse auf den Tisch und forderte die beiden Landser mit einem hübschen Lächeln zum Zugreifen auf. Sie sprach kein Deutsch.

Als Huik hinausging, um den Wagen abzuladen und in den Schuppen zu schieben, sagte Teichmann zu Lämmer: »Du, wir haben unwahrscheinliches Massel! Der hilft uns bestimmt weiter.«

Lämmer grinste beglückt. »Sicher! Das scheint ein Pfundsbursch zu sein. Und ein sauberes Weiberl hat er auch, gell?«

Sie aßen heißhungrig und tranken Sauermilch, die Tonka in großen irdenen Töpfen hinstellte. Das Kind kam wieder aus dem Verschlag gekrabbelt, kroch auf Teichmanns spitze Knie, kreischte und wollte nach der Brille greifen. Die Frau stand am Fenster und spähte hinaus. Man hörte das dumpfe Rollen des Karrens. Dann kam Tonka an den Tisch zurück, zündete eine Ölfunzel an und hängte sie an einen Nagel.

Mit schweren Schritten kam der Bauer zurück und schloss die Tür.

»Gut schmecken?«, fragte er.

Teichmann und Lämmer bedankten sich kauend und sagten, dass sie müde seien, worauf Huik mit der Frau sprach und diese mit einem Kopfnicken hinausging, das Kind am Arm.

»Ihr die Nacht hierbleiben«, sagte Huik. »Schlafen.«

»Wie heißt das Dorf?«, fragte Teichmann.

»Kivesi«, antwortete Huik Tekiö und stopfte sich eine Tonpfeife mit grobem Tabak.

Ob die Kameraden auch Tabak wollten, fragte er, aber Teichmann und Lämmer verneinten. Dann fragte

Teichmann, ob im Lager deutsche Kriegsgefangene wären.

»Ja«, nickte Huik, »deutsche Kameraden.«

Sein Gesicht wurde finster, er paffte dichte Wolken vor sich hin und starrte zu Boden.

Teichmann und Lämmer sahen sich an. Sie spürten, dass dieser Bauer Groll gegen den Umschwung empfand und sich innerlich noch mit den deutschen Waffengefährten verbunden fühlte. Half er deshalb? Würde er auch weiterhelfen?

Huik schwieg verdrossen, und als die Frau hereinkam und sagte, dass das Lager fertig sei, stand er auf.

»Schlafen jetzt. In Kammer«, sagte er.

»Und wir werden nicht gefangen genommen, wenn wir aufwachen?«, fragte Teichmann.

Huik sah Teichmann so eigenartig verwundert an, dass dieser sich mit einem Gemurmel entschuldigte; dann folgten sie Huik hinaus in eine finstere Kammer. Es roch nach Heu und Geräuchertem, und bei genauerem Hinsehen sahen Teichmann und Lämmer von der Kammerdecke herab schwarze Fleischstücke hängen. Geräuchertes. Aber sie waren satt, und das Wasser lief ihnen nicht im Mund zusammen, wie es wenige Stunden zuvor noch der Fall gewesen wäre.

Huik Tekiö gab zu verstehen, dass sie nichts zu befürchten hätten und hier sicher wären. Einen Gutenachtgruß brummend, stapfte der Finne hinaus.

Teichmann und Lämmer sanken auf das Heulager, wühlten sich zurecht und deckten sich mit zwei nach Pferdeschweiß riechenden Decken zu.

»Mensch«, ächzte Lämmer zufrieden, »das ist vielleicht ein Genuss: satt zu sein und ein anständiges Lager zu haben. Wie im Himmel, Werner ... fast wie im Paradies, gell?«

»Irgendwie haben wir es uns verdient, Franz. Jedes Malheur hat einmal ein Ende. Das unsere hat genau zehn Tage gedauert. Vor zehn Tagen dachte ich, die Tür wäre zu, und wir säßen in einem finsteren Kerker.«

»Ich werd es nie vergessen, Werner.«

»Ich auch nie.«

Sie spürten wohlige Müdigkeit und bleischwere Glieder. Der volle Magen beschleunigte das Schlafbedürfnis.

Da sagte Lämmer mit lallender Langsamkeit: »Du, Werner, mein Haxn tut nicht mehr weh. Ich denk, ich kann den saudummen Gips bald wegtun.«

»Lass ihn noch. Einen Gipsverband trägt man ein paar Wochen.«

»Na prost Mahlzeit«, lallte Lämmer, dann schnaufte er noch einmal tief und sagte: »Schluss jetzt ... schlafen wir.«

»Gute Nacht, Franz.«

Franz Lämmer grunzte noch etwas, dann schlief er ein und fing sogleich zu schnarchen an.

Teichmann horchte ins Dunkel. Das geräucherte Fleisch duftete aufdringlich. Irgendwo im Hause erklangen dumpfe Stimmen.

Huik Tekiö saß auf dem Schemel vor dem Herd und stocherte mit einem Draht in seiner Tonpfeife. Seine Frau Tonka räumte den Tisch ab. Hinten im Verschlag plapperte das Kind.

»Es kann uns übel bekommen, wenn herauskommt, dass wir zwei Deutsche hier haben«, sagte die Frau.

Huik zuckte die Schultern und holte sich mit einem Span Feuer für die Pfeife.

»Wer soll es herauskriegen? Zu uns kommt schon keiner.« Er zündete die Pfeife an und paffte. Zwischendurch sagte er: »Mir ... mir tun die zwei leid. Sie sehen ziemlich mitgenommen aus. Der Kleinere vor allem ... der mit dem Gipsbein.«

»Ein Jammer, was die Menschen ertragen müssen«, murmelte die Frau, trug den halben Brotlaib weg und legte ihn in eine Truhe. »Wenn dieser Krieg nur schon zu Ende wäre!«

Huik Tekiö nickte und starrte vor sich hin.

»Er ist bald zu Ende, Tonka ... jedenfalls für Finnland. Aber mir gefällt das Ende genauso wenig wie der ganze Krieg. Jetzt haben wir die Russen im Land und wir werden sie nicht mehr los.«

Tonka ging hinter den Verschlag und scherzte mit dem Kind. Dann ertönte ein schmatzendes Geräusch, ein Kuss. Tonka kam wieder hervor und schaute zu ihrem Mann hinüber.

»Haben die beiden gesagt, wohin sie wollen?«

»Nein. Aber ich kann es mir denken. Sie haben jeder einen ordentlichen Entlassungsschein.«

Sie kam heran und legte Huik die Hand auf die Schulter. »Sie müssen fort, hörst du.«

»Jetzt schlafen sie erst einmal.«

»Das sollen sie auch, aber morgen muss unser Haus wieder frei von ihnen sein. Ich hab sonst keine Ruhe. Du weißt, der Hauptmann ist streng, und wenn er erfährt, dass wir zwei Deutsche versteckt halten, werden wir bestraft.«

»Unsinn. Keiner wird es merken.«

Tonka hockte sich neben ihrem Mann nieder und schmiegte sich an ihn.

»Ich bin so froh, dass du da bist, Huik. Es war ein Glück für mich, dass du verwundet wurdest und heimgehen konntest. Wäre es anders, säße ich jetzt mit dem Kind allein und müsste mich sorgen.«

Er legte den Arm um ihre Schulter und presste sie fest an sich.

»Nicht jedem geht es so gut, Tonka. Denk an die zwei armen Kerle, die in der Kammer liegen. Sie schauen so elend aus. Wie Hunde, die keinen Hof haben und herumstromern müssen.«

Die Frau nickte und lehnte ihren blonden Kopf an Huiks Schulter.

»Du magst die Deutschen, Huik, ich weiß es.«

»Weil sie gut zu mir waren. Ich habe viel von ihnen gelernt.«

»Du hast von ihnen nur gelernt, wie man Menschen umbringt, Huik.«

»Das stimmt«, nickte er, »aber sie waren auch auf andere Weise gut zu mir, sie gaben mir Geschenke, als sie hörten, dass ich Vater geworden bin. Das vergess ich ihnen nie, und deshalb kriegen die zwei da drüben auch Essen und können sich bei mir ausruhen.«

»Aber morgen schickst du sie wieder fort, nicht wahr?«

Huik schwieg und paffte dichte Knasterwolken vor sich hin.

»Du, Huik ...«, rief die Frau leise und rüttelte ihn an der Schulter. »Woran denkst du?«

»Ich denke daran«, murmelte der Mann, »wie sie mir Geschenke für Alf gegeben haben. Du hattest damals nichts, weißt du es noch? Du warst froh, als ich dir das große Paket heimbrachte mit den vielen Sachen für Alf.«

»Dafür bist du dann aber auch für die Deutschen verwundet worden«, erwiderte die Frau.

Der Mann winkte unwillig ab. »Ich hab es auch abgekriegt für unser Land, Tonka. Und wenn ich wüsste, dass die Russen wieder weggingen, wenn ich mir eine Hand oder ein Bein abhacken ließe, ich tät es!«

»Huik!«, stammelte die Frau. »Huik, was redest du denn da?«

»Ich sag nur das, was ich denke«, entgegnete er. Dann stand er auf, ging schwerfällig zur Tür, öffnete sie und horchte hinaus. Dann schloss er sie wieder.

»Sie schlafen«, sagte er.

»Aber morgen, Huik ... morgen ...«

»Hör auf damit«, knurrte er unwillig. »Jetzt schlafen sie noch.«

»Und morgen, Huik?«

»Werd ich sie fragen, wohin sie wollen.« Es klang fest und entschlossen.

Tonka wischte mit dem Handrücken über die Augen und erhob sich.

»Ich geh jetzt schlafen, Huik. Kommst du mit?«

»Nein«, sagte der Mann, »leg dich nur hin. Ich spaziere noch einmal ins Dorf.«

»Was willst du denn dort?«

»Ich möchte hören, wie sie singen. Mir gefallen ihre Lieder.«

Huik zog die geflickte Joppe an, stülpte den Hut auf den Kopf, legte die lange Tonpfeife auf den Holzsims und verließ die Stube. Seine schweren Schritte entfernten sich vom Haus.

»Franz! Aufstehen! Wir müssen weiter!«

Teichmann rüttelte Lämmer wach. Der fuhr hoch, schaute verwirrt um sich und fragte: »Wo sind wir denn?«

»In Finnland, in einem Nest namens Kivesi. Los, auf! Nur keine Müdigkeit vorschützen!«

Teichmann erhob sich mit Schwung, suchte seine Brille, setzte sie auf und fuhr sich mit allen zehn Fingern durchs Haar.

Auch Lämmer rappelte sich auf. Dabei fluchte er halblaut vor sich hin. Sein Gipsbein war lahm, die Kniegelenke schmerzten, die aufgescheuerten Handflächen brannten wie Feuer.

»Mensch, Werner«, jammerte er, »ich muss mir die Hände behandeln lassen, sonst passiert ein Unglück.«

»Wir werden es dem Bauern sagen.«

Sie gingen hinaus und betraten die Stube. Draußen war es noch dunkel. Es war früh am Tag, aber das Herdfeuer brannte bereits, und der rußige Dreibeinkessel über dem Feuer dampfte. Huik Tekiö empfing die beiden Landser mit einem Gruß und fragte, wie sie geschlafen hätten.

»Ausgezeichnet«, sagte Teichmann. »Wie Bären.«

Jetzt kam die Frau herein. Sie trug einen Topf mit frischer Ziegenmilch und stellte ihn, die beiden Deutschen mit einem Kopfnicken begrüßend, auf den Tisch.

»Setzt euch«, sagte der Finne, »esst und dann sagt mir, wohin ihr gehen wollt.«

Teichmann und Lämmer setzten sich. Lämmer betrachtete besorgt seine wundgescheuerten Hände. Die Frau trat heran und nahm Lämmers Hände, sah sie an, runzelte die Stirn und murmelte etwas.

Auch der Finne kam heran und besah sich Lämmers Hände, dann sagte er: »Nix gutt, Kamerad. Tut weh?«

»Net schlecht«, grinste Lämmer. »Von den Krücken, verstehst du?«

»Krücken?«, wiederholte Huik.

Da zeigte Lämmer ihm die Krücken und wie es gekommen war, dass er sich die Hände wundgescheuert hatte.

Die Frau kramte im Hintergrund und brachte einen verstaubten Tiegel und ein Stück weißes Leinen. Sie riss es in Streifen, holte einen Löffel und schmierte mit dem Stiel eine bräunliche Salbe auf das Streifenende. Dann verband sie Lämmers Hände geschickt und fürsorglich. Dabei vermied sie es tunlichst, Lämmers immer dankbarer werdenden Blicken zu begegnen.

Inzwischen setzte sich der Finne Teichmann gegenüber. Der hatte die Landkarte auf dem Tisch ausgelegt, winkte den Finnen heran, zeigte mit dem Finger auf die rote Bleistiftlinie und sagte: »Wir wollen nach Karungi, das liegt in Schweden. Aber es ist ein sehr weiter Weg. Mein Kamerad hat sich die Hände wundgescheuert, er wird schlecht mit den Krücken zurechtkommen.«

Der Finne nickte. »In drei Tagen gesund. Medizin gut. Ihr bleibt bei uns.«

Er verdolmetschte seiner Frau das Gesagte. Tonka nickte nur und verband jetzt Lämmers linke Hand.

Huik beugte sich über die Landkarte und studierte sie. Sein bräunlicher, schmutziger Finger tastete die rote Bleistiftlinie entlang und blieb auf dem Kreuz liegen.

»Hm ... weite Weg«, murmelte er, »sehr weite Weg, Kamerad. Nicht leicht, und viel Miliz ... da ... und da ... bis an Grenze!«

Er tippte mit dem Finger auf ein paar Ortschaften, wo Militär liegen sollte.

Teichmann putzte die Brillengläser mit dem schmutzigen Taschentuch und dachte an das, was der Finne vorhin gesagt hatte: an die drei oder vier Tage Pause, an die Rast in diesem gastlichen Hause. Durfte man das annehmen? Brachte man damit nicht diese Familie in Gefahr?

»Äh ...« fing Teichmann an, und plötzlich fiel ihm ein, dass er den Namen der Gastgeber nicht wusste, noch nicht einmal danach gefragt hatte.

»Äh ... wie heißen Sie eigentlich?«, fragte er.

»Du kannst Huik zu mir sagen«, murmelte der Finne, ohne von der Landkarte aufzublicken, »und das dort ist Tonka. Mein Sohn heißt Alf, er ist noch nicht zwei Jahre alt.«

»Ich heiße Teichmann«, stellte sich Teichmann vor, »und das ist mein Kamerad Franz Lämmer.«

Huik sah auf und grinste. »Teichmann und Lämmer. Gut. Ich werde es merken.«

Er murmelte die beiden Namen noch ein paarmal vor sich hin, dann faltete er die Landkarte zusammen und gab sie Teichmann mit den Worten: »Es dabei bleiben: Ihr wartet drei oder vier Tage, dann werden wir reden, wie weiterkommen.«

»Mensch«, sagte Lämmer, »es geht uns immer besser. Jetzt auch noch drei oder vier Tage Urlaub in Finnland! Ich kann's net fassen, Werner! Der Mann muss einen Orden kriegen, groß wie ein Osterbrot!«

Teichmann streckte Huik die Hand hin. »Sie sind sehr freundlich, wir danken Ihnen tausendmal. Hoffentlich machen wir Ihnen keine Umstände.«

Huik verstand nur die Hälfte; er nickte und ging dann zu seiner Frau, sprach eine Weile auf sie ein und kam dann wieder an den Tisch. Er sagte, dass seine Frau einverstanden sei, Teichmann und Lämmer dürften aber das Haus nicht verlassen. Sie könnten ja mal tüchtig ausschlafen und sich für den bevorstehenden Marsch nach Karungi ausruhen.

»Ihr schaut aus, als könntet ihr viel Ruhe brauchen«, meinte er.

Teichmann und Lämmer versprachen, alles zu tun, was Huik wünschte. Sie bedankten sich noch einmal bei ihm und der Frau und begaben sich dann wieder in die Kammer.

»Gar net so schlecht, dass wir ein paar Tage ausruhen können«, sagte Lämmer und legte sich wieder hin. »Mir scheint, die Frau ist nur halb so viel einverstanden wie Huik. Hast du gesehn, wie ängstlich sie war?«

Auch Teichmann legte sich wieder hin und deckte sich zu.

»Das ist klar, Franz«, sagte er. »Wenn es herauskommt, dass die zwei deutsche Landser versteckt halten, kommen sie in Teufels Küche. Wir können ihnen nicht genug dankbar sein.«

Lämmer streckte sich wohlig. »'s gibt halt immer noch Menschen, Werner.«

Sie redeten noch eine Weile über Huik und Tonka, über Huik, der seine Sympathie für die Deutschen noch über die eigene Sicherheit stellte, über Tonka, die mit ihrem heimlichen Sträuben verriet, wie gefährlich es war, sich menschlich zu zeigen und zu helfen, und die doch einverstanden war, dass die beiden Flüchtlinge ein paar Tage blieben.

Teichmann und Lämmer spürten jetzt, als sie wieder nebeneinanderlagen, wie ausgehöhlt, wie erschöpft sie waren, und dass sie ein paar Tage Ruhe dringend nötig hatten. Durch das kleine Kammerfenster fiel Tageslicht, dann tastete sich die Morgensonne herein und beschien die dunklen Balkenwände. Von der Decke herab baumelten die geräucherten Fleisch- und Speckseiten, in der Ecke standen Säcke und auf einem Brett Vorratstöpfe.

Aber die beiden Landser waren satt und schliefen inmitten der Vorräte einer finnischen Bauernfamilie, die voller Hilfsbereitschaft und Vertrauen war. Sie hörten nicht, dass am Hof Pferdehufe klapperten und Huik mit seiner Frau sprach, sie hörten nicht das lebhafte Gekreisch des kleinen Alf, der hinter ein paar Hühnern herlief und sie fangen wollte. Tief und fest schliefen die beiden Flüchtlinge, die dem Moloch Krieg entkommen waren und nun den Weg zurück in die Heimat suchten.

Teichmann erwachte plötzlich und horchte. Es war ihm, als höre er Gesang.

Auch Lämmer hob den Kopf, sah Teichmann an und sagte hastig: »Du, das sind die Unsern, sie singen!«

Der Gesang kam von fern her, von dort, wo die Straße verlief.

»... ein Edelweiß, von Blut so rot, hielt er in seiner Haaaand ...«

Teichmann sprang auf und ging zum Fenster, sah hinaus, putzte mit der Hand die staubigen Scheiben frei und spähte über ein Stück Wiese zur Straße hinüber.

»Es sind die Unsern, Franz«, rief er Lämmer halblaut zu. »Sie marschieren zum Arbeitseinsatz!«

Ein Kommando ertönte, der Gesang brach ab. Teichmann sah, dass die Kolonne hielt und von vier Bewachern, die Maschinenpistolen trugen, in Gruppen eingeteilt wurden.

»Sie machen Straßenarbeit«, stellte Teichmann fest. »Es sind lauter deutsche Kriegsgefangene.«

Jetzt rappelte sich auch Lämmer auf, humpelte heran, stellte sich neben Teichmann und schaute zur Straße hinüber.

Sie schwiegen. Angesichts der gefangenen Kameraden, die jetzt eine fremde Straße ausbessern mussten, empfanden sie Mitleid und Zorn, und sie wussten plötzlich, dass es ihnen, die sie hier standen und satt waren, besser erging als jenen drüben.

»Arme Schweine«, murmelte Lämmer, »das haben sie davon ... für Treueid, Heldentum und Vaterlandsliebe.«

Teichmann schwieg, aber er dachte dasselbe.

»Und alles hat so großartig angefangen«, hörte er Lämmer murmeln. »Sieg und noch mal Sieg! Großes Gerede von der unbesiegbaren Wehrmacht! So schaut der Sieg aus! Pfui Teifl!«

Teichmann verließ den Beobachtungsplatz, setzte sich auf eine Vorratstruhe, nahm die Brille ab und rieb sich die rotgeränderten, kurzsichtigen Augen.

»Ja, Franz«, sagte er bitter, »man hat uns Soldaten missbraucht von A bis Z. Das Ende ist über uns hereingebrochen wie ein Hagelgewitter. Wie wird es erst der Heimat ergehen, wenn die Sieger kommen und über uns zu Gericht sitzen?«

Lämmer starrte zum Kammerfenster hinaus. »Da bleibt kein Auge trocken, Werner. Sie werden uns zerbröseln, sie werden uns Fußtritte geben, für ...«

Er brach ab und humpelte zum Lager, sank ächzend darauf nieder und bettete das Gipsbein hoch.

Teichmann putzte mit abwesender Miene die Brillengläser, nickte vor sich hin und murmelte:

»Wir müssen die Rechnung bezahlen ... wir Landser. Auf unserm Buckel passiert die große Abrechnung, und es werden viele in die Knie gehen und an dieser Abrechnung krepieren, Franz ...«

Schritte näherten sich. Die Kammertür ging auf, und Huik stand auf der Schwelle.

Er sprach hastig und leise: »Aufpassen, Kameraden! Nicht an Fenster gehen!«

»Schon gut«, erwiderte Teichmann. »Wir haben schon bemerkt, was drüben los ist.«

»Deutsche Kameraden müssen arbeiten«, sagte Huik. »Miliz passt auf. Schießen, wenn einer weglaufen!«

»Es wird schon keiner weglaufen«, grunzte Lämmer und drehte das Gesicht der Balkenwand zu.

Huik Tekiö warnte noch einmal, ermahnte, sich nicht am Fenster sehen zu lassen, und ging wieder. Ein Riegel polterte draußen. Schwere Schritte entfernten sich.

Teichmann zog die Uhr. Es war halb acht morgens. Draußen, in Richtung der Straße, hörte man das Klirren von Werkzeugen und ab und zu einen kehligen Kommandoruf.

Mit unwiderstehlicher Macht zog es Teichmann zum Kammerfenster und so vorsichtig wie nur möglich spähte er durch die halb blinden Scheiben hinaus.

Die Wachtposten patrouillierten mit eingelegter MP um die Gefangenen, und diese schaufelten, karrten Sand und Steine und planierten die ausgefahrene Straße bis zum beginnenden Wald hin. Ein paar hatten ihre Mäntel und Feldblusen abgelegt, denn die Sonne und die Arbeit machten ihnen warm, andere kratzten erkennbar lustlos mit den Schaufeln herum, unterhielten sich und guckten in die Gegend. Ab und zu rief einer der Posten etwas, worauf die Unlustigen wieder emsiger wurden, was aber von nur kurzer Dauer war.

Lämmer schlief, das Gesicht zur Wand gedreht, den Gipsfuß etwas hochgelegt. Teichmann stand unbeweglich am Fenster, und wenn er das Gefühl hatte, einer der Posten schaue herüber, dann wich er langsam zur Seite, wartete ein paar Augenblicke und spähte dann wieder zur Straße hinüber.

Im Haus weinte das Kind. Tonkas Stimme beruhigte es. Im Hof hackte jemand Holz.

Über eine Stunde verblieb Teichmann am Kammerfenster, erfüllt von bitteren Gedanken und Mitleid für die schuftenden Kameraden. Dabei dachte er über die weitere Flucht nach. Es wurde ihm bewusst, dass der Weg nach Karungi ebenso weit wie gefährlich war und dass er leicht in einem finnischen Gefangenenlager enden konnte. Die russischen Entlassungsscheine erschienen ihm wertlos und keineswegs als Schlüssel für das Tor in die Freiheit. Trotzdem musste die Flucht versucht werden, durfte die Chance zum Durchkommen nicht ungenutzt bleiben.

Draußen schien es warm geworden zu sein. Immer mehr Gefangene legten Mäntel und Feldblusen ab. Bespannte Fahrzeuge mit Zivilisten als Kutscher brachten Sand und Steine, entluden das Baumaterial und fuhren wieder weg.

Da löste sich plötzlich ein hemdsärmeliger Gefangener aus der Kolonne und trat auf einen der Posten zu, sprach mit ihm und deutete mit einem Eimer in der Hand auf den Hof.

Gleich darauf kam der hemdsärmelige Gefangene auf das Hofgebäude zu. Er ging langsam, mit trägen Schritten, direkt auf das Kammerfester zu.

Teichmann kniff die Augen zusammen. Immer näher kam der Gefangene. Er trug die Keilhose der Gebirgsjäger, schwere Nagelschuhe, am Kopf die Feldmütze mit dem Schirmdach. Sie saß schief auf dem Kopf, eine dunkle Haarsträhne hing übers Ohr.

»Franz!«, rief Teichmann mit unterdrückter Erregung! »Franz, komm her, schnell!«

Lämmer fuhr hoch.

»Was ist los?«, fragte er ebenso leise.

»Schnell! Da kommt einer auf den Hof zu!«

»Ein Gefangener?«

»Ja. Er holt Wasser oder sonst was ... Schnell! Schnell! Vielleicht erkennst du ihn ... vielleicht ist es einer von unserer Kompanie!«

Lämmer rappelte sich auf, hüpfte auf einem Bein ans Fenster und sah hinaus.

Plötzlich stammelte er: »Du meine Fresse! Mensch, mich haut's um!«

»Einer von unserer Kompanie?«

»Ja! Der Loisl! Der Brunner!«

»Nicht möglich!«

»Wenn ich dir's sag! Er ist's, ich fress einen Besen, dass er es ist!«

Es war tatsächlich Brunner, der mit dem Eimer direkt auf jene Hausseite zukam, an der das Kammerfenster lag.

»Wir müssen uns bemerkbar machen!«, flüsterte Teichmann aufgeregt. »Lass ihn näher rankommen, dann mach vorsichtig das Fenster auf.«

Lämmer fummelte an dem Fensterriegel herum. Er war eingerostet.

»Elender Murks, verdammter!«, schimpfte Lämmer, aber schließlich gelang es ihm doch, das kleine Fenster aufzukriegen.

Es gab ein kreischendes Geräusch, das Brunner, schon nah herangekommen, hörte. Er hob den Kopf, verhielt den Schritt, schaute herüber.

Lämmer wollte die Hand hinausstrecken und winken, aber Teichmann hinderte ihn daran.

»Vorsicht!«, zischelte er, »der Posten kann es sehen. Ruf Loisl an!«

»Alois!«, rief Lämmer hinaus. »Alois! Geh weiter, schau net her ... komm ran. Wir sind's!«

Brunner kapierte sofort und reagierte mit gut gespielter Gleichgültigkeit. Er schlenderte, den Eimer schwingend, heran, stellte sich an die Hauswand und tat so, als verrichte er ein kleines Geschäft.

»Menschenskinder«, sagte er halblaut und ohne aufzublicken, »wer seid ihr denn?«

»Teichmann und Lämmer!«, rief Teichmann aus dem Fensterspalt.

»Dös is doch wohl net möglich!«, erwiderte die Stimme draußen.

»Doch. Wir sind ebenfalls durchgekommen. Wir haben sogar von den Russen richtige Entlassungsscheine gekriegt.«

»Junge, Junge, da habt ihr aber Schwein gehabt. Was macht ihr da?«

»Der Franz hat sich das Bein gebrochen. Der Bauer hat uns aufgenommen. Wir machen ein paar Tage Rast, dann wollen wir nach Schweden durch.«

Brunner hob den Kopf. Sein Gesicht war unrasiert und hohlwangig, aber seine dunklen Augen funkelten in ungebrochener Lebenskraft.

»Drei Tage bleibt ihr hier?«, fragte er.

»Drei oder vier«, rief Teichmann heraus. »Der Franz hat sich die Hände wundgescheuert.«

»Wart«, sagte Brunner, »ich red mit dem Bauern. Wisst ihr seinen Namen?«

»Huik heißt er. Er versteht Deutsch!«, rief Lämmer an Teichmann vorbei. »Sag ihm, er soll dich zu uns reinlassen. Nur ein paar Minuten. Wir müssen miteinander reden, Loisl! Mensch, was freu ich mich, dass ich dich alte Gurke wiedersehe!«

»Ich komm rein«, sagte Brunner.

Er verschwand und pfiff vor sich hin.

Teichmann zitterte vor Aufregung und setzte sich auf die Vorratstruhe. Lämmer humpelte zur Tür und rüttelte am Griff.

»Zu, verdammt!«, murmelte er.

»Viel Zeit hat der Alois nicht, wenn er kommt«, erwiderte Teichmann.

»Wenn er überhaupt kommt!«, entgegnete Lämmer. »Huik wird es net gern sehen, dass jetzt noch einer von uns hier rein will.«

»Aber der Loisl muss unbedingt mit.«

»Na klar«, erwiderte Lämmer, dann legte er das Ohr an die Tür und horchte in den Flur hinaus, zum Hof.

Stille! Das Holzhacken war plötzlich verstummt.

»Ob er ihn einlässt?«, flüsterte Lämmer.

Teichmann hob mit einer vagen Bewegung die eckigen Schultern und ließ sie wieder sinken.

»Vielleicht schafft's der Loisl. Reden kann er ja.«

Da erschollen im Flur Schritte. Der Türriegel knallte zurück, und Brunner stand auf der Schwelle.

»Buben, ihr seid's wirklich«, stammelte er. Dann umarmte er Lämmer, dann Teichmann.

Huik Tekiö stand hinter Brunner und schaute mit düsterer Besorgnis auf die Begrüßungsszene.

»Schnell, schnell ...«, rief er dann. »Nix viel Zeit.« Ein finnischer Fluch folgte.

»Ihr wollt also weiter?«, fragte Brunner hastig.

»Ja«, erwiderte Teichmann, »nach Schweden durch. Du kommst natürlich mit.«

»Kannst du denn abhaun?«, fragte Lämmer.

Brunner grinste. »Mal sehn. Wir arbeiten jetzt auf der Straße, dafür kriegen wir ganz gutes Essen. Die Behandlung ist net schlecht. Wann wollt ihr weiter?«

»In zwei oder drei Tagen«, sagte Teichmann.

»Quatsch«, ließ sich Lämmer vernehmen, »von mir aus können wir schon früher abhauen. Auf meine Pratzen braucht ihr keine Rücksicht zu nehmen.«

»Schnell, schnell...«, drängte der Finne und stampfte mit dem Stiefel auf.

»Haltet euch bereit«, haspelte Brunner. »Bei der nächstbesten Gelegenheit türm ich. Beschafft Fressalien.« Er nestelte an seiner Armbanduhr und gab sie Teichmann. »Tauscht Futter dafür ein, dass es eine Zeit lang reicht.«

»Ist sonst noch jemand von unserer Kompanie da?«

»Na. Nur Brennecke und ich. Brennecke sitzt in der Lagerschreibstube.«

»Dawai, dawai!«, erscholl Huiks Stimme noch einmal, diesmal aber streng und befehlend. Dabei zog er Brunner am Arm aus der Kammer.

»Also, wartet auf mich«, rief Brunner noch, bevor die Tür zuschlug und verriegelt wurde, »ich meld mich in den nächsten 24 Stunden bei euch, dann ...«

Die Tür war zu, der Riegel knallte vor, Schritte entfernten sich. Fünf Minuten später schlenderte der Obergefreite Alois Brunner mit einem schwappvollen Eimer Trinkwasser zur Baustelle hinüber, ohne sich umzudrehen, ebenso langsam wie er ein paar Minuten zuvor gekommen war.

Teichmann und Lämmer sahen sich grinsend an.

»Was sagst du dazu?«, fragte Teichmann.

»Man sollt es net für möglich halten, was so a Zieg für Fett hat«, lachte Lämmer.

Werner Teichmann betrachtete die Armbanduhr Brunners. Es war eine gute Uhr, sie tickte leise und hastig. Sie war sicher einen Sack Lebensmittel wert!

Weder Teichmann noch Lämmer verspürten etwas von Müdigkeit. Seit Brunner da war und man darauf wartete, dass er sich der Flucht anschloss, beobachteten die beiden Kammerbewohner die Vorgänge auf der Straße. Da Teichmann wegen seiner schlechten Augen den Loisl nicht erkennen konnte, fragte er andauernd Lämmer, was Loisl mache, ob er herüberschaue, ob die Baukolonne auf der begonnenen Strecke bleibe. Lämmer gab alles, was er sah und feststellen konnte, an Teichmann weiter.

Erst als Schritte vor der Kammertür dröhnten und der Riegel zurückgeschoben wurde, flitzten die beiden vom Fenster weg und taten so, als sei nichts geschehen.

Huik kam herein. Er sagte, dass es gefährlich wäre, wenn der Kamerad noch einmal käme, und dass er auch auf die Sicherheit seiner Familie bedacht sein müsse.

»Hören Sie zu, Huik«, erwiderte Teichmann, der ein offenes Wort für angebracht hielt und diesen aufrechten Mann samt seiner kleinen Familie nicht in Schwierigkeiten bringen wollte, »hören Sie gut zu, was wir vorschlagen. Wir wollen weg. Sobald wie möglich. Der Kamerad, der heute früh hier war, gehört zu uns. Er will mit uns abhauen.«

»Abhauen?«, fragte Huik, dem dieser Ausdruck nicht geläufig war.

»Mit nach Schweden«, erklärte Teichmann und hob erst zwei, dann drei Finger. »Ich, Franz und Kamerad, der da war. Hast du verstanden?«

Huik nickte.

Teichmann zeigte ihm Brunners Uhr. »Verkauf uns Brot und etwas von deinem Fleisch da«, sagte er. »Soviel, dass drei Mann 14 Tage satt werden.«

Huik nahm die Uhr und sah sie aufmerksam von allen Seiten an. Dann schüttelte er den Kopf.

»Nix brauchen Uhr«, sagte er. »Ich gebe euch das, was ihr wollt.«

»Du bist ein guter Mensch, Huik ...« Teichmann duzte den Finnen plötzlich, und dabei blieb es. »Aber du musst die Uhr nehmen. Wir haben sonst nichts, was wir dir geben können. Nimm sie als Geschenk.«

Huik schüttelte beharrlich den Kopf und gab die Uhr an Teichmann zurück.

»Ich habe auch von Deutsche Geschenk bekommen. Für meinen Sohn Alf«, sagte er. »Nehmt euch so viel Fleisch, wie ihr braucht. Brot gibt euch meine Frau. Wann will Kamerad kommen?«

»Wir wissen es noch nicht«, sagte Teichmann. »Vielleicht heute, vielleicht auch erst morgen.«

»Miliz wird auf ihn schießen«, warnte Huik mit ernster Miene. »Miliz passt gut auf.«

»Unser Kamerad ist schlau, Huik. Er wird dann weglaufen, wenn der Augenblick gut ist.«

Huik trat zum Kammerfenster und sah hinaus, lange und stumm. Dann drehte er sich um und musterte die beiden.

»Hat Hände kaputt«, sagte er, auf Lämmer deutend. »Kann er auf Krück gehen?«

»Na klar«, sagte Lämmer. »Jederzeit!«

Huik schien über etwas nachzudenken, trat noch einmal ans Kammerfenster und schaute zur Straße hinüber. Als er sich wieder umdrehte, sagte er zu Teichmann: »Gib mir Uhr, ich brauchen sie für was.«

Teichmann gab ihm die Uhr. »Für dich?«

Huik schüttelte den Kopf. »Nix für mich. Uhr soll sein für Milizsoldat. Ich kenne einen im Lager. Er ist aus Loviisa wie ich.«

»Oulu?«, fragte Teichmann.

»Kleine Fischerstadt an Westküste von Finnland«, sagte Huik. »Ich leben dort, bevor ich hierher, verstehst du. Bevor ich Bauer, ich war Fischer. Meine Eltern sind noch in Oulu und meine Schwester Tanja. Nimm Landkarte«, forderte er Teichmann auf.

Teichmann zog die Landkarte aus der Manteltasche und breitete sie auf der Lebensmitteltruhe aus. Huik beugte sich darüber und suchte kurz, dann legte sich sein schmutziger brauner Finger auf den Ort »Oulu«. Er lag direkt am Meer.

Lämmer kam auch heran und erkundigte sich gespannt. »Und dein Spezi, dein Freund im Lager, der ist auch aus Oulu?«

»Ja«, nickte Huik, »im Lager. Wir treffen uns manchmal und reden von daheim. Hajo wird die Uhr nehmen und andere Kamerad weglaufen lassen.«

Lämmer tauschte einen Blick mit Teichmann.

»Prima Bursche, dieser Huik, was?«, sagte Lämmer.

»Du willst mit Hajo reden?«, fragte Teichmann den Finnen.

Der nickte wieder. Da nahm Teichmann auch seine Uhr vom Handgelenk und reichte sie Huik.

»Da, nimm die auch. Vielleicht braucht er auch zwei.«

Huik sah unentschlossen auf die beiden Uhren, dann zuckte er die Schultern und steckte sie ein.

»Nicht an Fenster gehen«, sagte er, ehe er hinausging. »Schlafen ist besser.«

Er schob sich hinaus und schloss die Tür. Der Riegel knarrte, und schwere Schritte entfernten sich.

»Dieser Bursche ist großartig«, murmelte Teichmann und faltete die Karte zusammen. »Nur schade, dass nicht alle Finnen so sind wie er.«

»Traust du ihm hundertprozentig?«, fragte Lämmer.

»Völlig«, bestätigte Teichmann.

»Hoffentlich täuschen wir uns net«, murmelte Lämmer misstrauisch.

Sie legten sich wieder hin. Keiner sagte ein Wort. Sie horchten hinaus. Dann und wann ertönte von drüben, wo die Gefangenen arbeiteten, ein Ruf oder das Klirren der Hacken und Schaufeln. Als nach etwa einer Viertelstunde Pferdegetrappel laut wurde und Wagenräder knarrten, schnellte Teichmann hoch und stürzte zum Kammerfenster.

»Was ist los?«, fragte Lämmer.

»Huik fährt mit einem Wagen weg.«

»Ob er die Uhren mitnimmt?«

»Ich bin sicher.«

Teichmann sah, dass das einspännige Fuhrwerk mit dem mageren Panjegaul im Geschirr auf die Straße zog. Huik grüßte die Posten mit Hutschwenken, rief ihnen etwas zu. Dann zockelte er mit dem Pferdewagen dem Dorf entgegen.

Die Stunden schlichen dahin. Huik war noch immer nicht zurück. Im Haus waren nur die Frau und das Kind. Man hörte kaum etwas von ihnen.

Die Gefangenen auf der Straße kamen mit ihrer Arbeit rasch voran. Vom Kammerfenster aus waren sie schon nicht mehr sehen.

»Er bleibt lange aus«, sorgte sich Lämmer.

Teichmann hatte ihn wenige Augenblicke zuvor dabei ertappt, dass er wieder mit abwesender Miene und jenem leeren Ausdruck, den er so fürchtete, Fäden aus der Decke zupfte.

»Huik wird im Dorf zu tun haben«, erwiderte Teichmann beschwichtigend.

Lämmer lag auf dem Rücken. Er schien wieder Kopfschmerzen zu haben, da er oftmals nach der Stirn griff und sie rieb.

»Hast du Kopfweh, Franz?«

»Ja, ein wengerl«, lautete die Antwort. »Ich muss so viel nachdenken, weißt ... mir geht so vieles durch den Kopf.«

»Schlaf lieber.«

»Ich kann nicht mehr, ich möchte lieber fort, Werner. Mir ist's unheimlich hier ...«

»Komm, komm, spinn nicht wieder«, murmelte Teichmann. »Leg dich hin und versuch zu schlafen.«

Lämmer richtete sich auf und stützte den Oberkörper auf den Ellenbogen.

»Du, Werner ... hier krieg ich Platzangst! Wenn ich net bald raus kann, dann ... Aaah, mein Schädel«, stöhnte er und ließ sich zurückfallen. »Sobald wir in Schweden sind, geh ich gleich in ein Spital und lass mir den verfluchten Splitter rausnehmen.«

Teichmann gab keine Antwort. Er stand am Kammerfenster und starrte unentwegt zur Straße hinüber. Dass Lämmer hier allmählich Platzangst bekam, war verständlich. Die Luft in der Vorratskammer war nicht besonders erquickend, das geräucherte Fleisch roch so stark, dass man sich davor ekelte. Das Fenster ganz zu öffnen, wagte Teichmann nicht, weil er Huiks Vorwürfe fürchtete.

»Die Frau lässt sich auch net sehen«, ließ sich Lämmer nach einer Weile erneut vernehmen. »Es kann doch möglich sein, dass sie ihrem Mann einen Strich durch die Rechnung macht.«

»Unsinn«, knurrte Teichmann, besorgt über Lämmers Zustand. »Die steht fest zu Huik. Ich geh jede Wette ein.«

»Ja, Wette ...«, murmelte Lämmer, dann schwieg er wieder und starrte zur Balkendecke empor.

Der Nachmittag verging, ohne dass sich im Haus etwas rührte. Das Licht des Tages ließ nach. Es war punkt fünf, als drüben auf der Straße deutscher Marschgesang laut wurde und die Gefangenen ins Lager abrückten.

Zehn Minuten nachdem der Gesang verstummt war, knarrte draußen das Fuhrwerk. Huik kam aus Kivesi zurück.

»Er ist da«, meldete Teichmann, vom Fenster wegtretend. »Gott sei Dank! Ob er Erfolg gehabt hat?« Lämmer murmelte etwas Unverständliches.

Ja, er hat sicher mit dem Kameraden aus Oulu gesprochen, dachte Teichmann. Er hat ihm die Uhren gegeben. Aber was dann, wenn der Mann aus Oulu umfällt, wenn er, statt Brunner laufen zu lassen, alles verrät? – Dann sind wir wieder da, wo wir vor zehn Tagen waren.

Auch Teichmann geriet in die Gefahr, die Dinge schwarzer zu sehen, als sie vielleicht waren, auch er bekam Kopfschmerzen vom Grübeln, und von dem aufdringlichen Geruch des geräucherten Fleisches.

Der Gaul, mit dem Huik gekommen war, wieherte schrill. Dann ertönten Stimmen. Alf kreischte. Schritte kamen ins Haus, aber sie gingen in die Stube.

»Los«, zischelte Lämmer, sich aufrichtend, »hau an die Tür, frag, was los ist!«

»Menschenskind, so dreh doch nicht durch. Wart ab, er kommt ganz sicher, ich weiß es.«

»Das sagst du nur so«, greinte Lämmer. Das Zwielicht in der Kammer, die Angst, es könnte wieder etwas passieren, verwirrte ihn immer mehr.

Da …! Jetzt ging die Stubentür. Schwere Schritte näherten sich. Der Riegel klirrte zurück. Huik trat ein. Er trug einen Sack, an dem Tragschnüre befestigt waren.

Wortlos ging er zu den geräucherten Speckseiten und schnitt zwei größere Stücke ab, steckte sie in den Sack und sagte dann kurz: »Wenn Zeit später ist, dann er kommt.«

»Du hast die Uhren…« Teichmann brach ab, er wusste, dass er eine Taktlosigkeit begangen hatte.

Aber Huik schien die Frage überhört zu haben, kam auf Teichmann zu und sagte: »Er kommt mit meine Freund. Er wird dann mit euch fortlaufen. Ihr müsst laufen, auch wenn Gewehr schießen. Verstanden?«

»Ja, Huik. Wie hast du das gemacht?«

Huik übergab Teichmann den ziemlich schweren Sack mit den Lebensmitteln. »Du dich nicht interessieren, Teichmann. Alles gehen in Ordnung.«

Teichmann suchte Huiks Hand, aber der tapste bereits zur Tür, drehte sich aber noch einmal um und sagte: »Nicht alle Finnen sind für euch, aber ich es bin. Finnland wird leiden wie Deutschland. Gute Reise, Teichmann. Gute Reise, Lämmer. Grüß Gott!«

Dieses »Grüß Gott«, das aus Huiks Mund so eigentümlich kehlig klang, hatte er bei den deutschen Gebirgsjägern gelernt. Mit diesem Gruß ging er hinaus.

Es klirrte kein Riegel, Huiks Schritte verklangen in der Stube, wo der kleine Alf plapperte und etwas polternd zu Boden fiel. Eine Frauenstimme schalt, dann hörte man Huik etwas sagen. Teichmann setzte den Sack ab und betastete ihn. Es waren auch Brote drin. Vier Stück fühlte er.

»Na also«, sagte er zu Lämmer, »jetzt wissen wir ganz genau, dass Huik ein großartiger Kerl ist. Sobald Loisl da ist, schwirren wir ab.«

»Was hat er vom Schießen gesagt?«, fragte Lämmer.

»Der mit Loisl kommt, wird uns wahrscheinlich der Form halber nachschießen, damit die Sache wie Flucht ausschaut.«

»Mhm ...« machte Lämmer.

»Los, packen wir unsere Koffer«, lachte Teichmann. »Was machen deine Hände, Franz?«

»Geht einigermaßen.«

»Und dein Kürbis?«

Teichmann schlug bewusst einen scherzhaften Ton an, um Lämmer aufzumuntern.

»Ach der«, stöhnte Lämmer, »der brummt ganz schön, aber daran gewöhn ich mich schon langsam.«

Teichmann wickelte seine und Lämmers Zeltbahn zusammen, überzeugte sich davon, dass die Landkarte in der Manteltasche steckte, und hockte sich dann neben Lämmer.

Es war schon dunkel geworden. Man hörte das Sprechen des Ehepaares in der Stube und ab und zu einen kreischenden Schrei des Kindes.

Die Zeit schlich zäh dahin. Ein paarmal wollte Teichmann gewohnheitsmäßig auf die Uhr blicken, aber sein Handgelenk war leer.

»Die bleiben aber verdammt lange aus«, ertönte Lämmers nervöse Stimme im Dunkel.

»Ruhe bewahren, Franz. Sie kommen bestimmt.«

Wieder verstrich eine Zeit, in der man jedem Geräusch lauschte. Das Warten zerrte an den Nerven. Auch Teichmann spürte, dass ihn Unruhe packte. Kurz schoss ihm der Verdacht durch den Kopf, dass Huik versuchen könnte, seine ungebetenen Gäste auf besondere Weise loszuwerden, aber er verscheuchte diesen Gedanken. Er hatte das sichere Gefühl, dass auf den Finnen Verlass und dass seine Sympathie für die Deutschen echt war.

Plötzlich erschollen draußen Stimmen.

»Sie kommen«, flüsterte Teichmann aufgeregt. Er sprang auf, ging zum Fenster und schaute hinaus. Auch Lämmer kam heran.

Das Fenster ging mit leisem Kreischen auf. Im vagen Licht sah man zwei Gestalten von der Straße herkommen. Die eine war baumlang und trug ein Gewehr, die andere war untersetzt. Sie schleppte etwas auf der Schulter – ein rundes Ding, das ziemlich schwer zu sein schien.

»Der Loisl ist's«, raunte Lämmer.

Die beiden Gestalten verschwanden, und gleich darauf trampelten Schritte ins Haus. Huiks Stimme begrüßte die Ankommenden. Dann schlug die Stubentür zu, und die Stimmen drangen dumpf durch die Balkenwände.

»Bist du fertig?«, flüsterte Teichmann.

»Ja«, murmelte Lämmer. Er nahm die Krücken, stemmte sich darauf und stellte sich neben die Kammertür.

»Möchte wissen, wie sie das drehen«, murmelte Teichmann.

»Vielleicht stehen wir noch bis morgen früh da«, sagte Lämmer; seine Stimme klang heiser.

Sie horchten. In der Stube schien man sich angeregt zu unterhalten. Man hörte einen tiefen Bass und dann Alfs kreischende Stimme. Plötzlich ging wieder die Stubentür.

Jemand kam heran und klopfte leise. Teichmann öffnete die Kammertür.

»Seid ihr fertig?«, raunte Brunners Stimme.

»Ja«, kam es doppelt und leise.

»Na denn – ab durch die Mitte«, befahl Brunner. »Franz, geh voraus.«

»Wohin?«

»Querfeldein zum Wald, dicht an der Straße lang.«

Lämmer hastete mit seinen Krücken durch den Flur, dann folgten Teichmann und Brunner.

Draußen fingen sie an zu laufen. Lämmer humpelte bereits ein Stück voraus, wo der Weg zur Straße führte.

»Mehr links halten, Franz!«, rief Brunner.

Sie holten den hastig auf Krücken Gehenden ein, hakten ihn unter und zogen ihn weiter.

Da ertönte hinter ihnen Gebrüll, gleich darauf krachten zwei ... drei ... vier Schüsse.

Lämmer fing zu heulen an und stolperte.

»Weiter, Franz«, schnaufte Brunner, »die zielen net auf uns, dös is bloß a Scheingefecht!«

Die drei Gestalten hasteten auf den Wald zu und verschwanden. Drüben unter der Haustür standen Huik und sein Freund Hajo.

»Sie sind weg«, sagte Huik.

»Und ich muss jetzt sehen, wie ich das veantworte«, erwiderte die Bassstimme.

»Komm rein, Hajo«, lachte Huik, »und trink noch einen, bevor du rübergehst.«

»Ja, einen Schnaps kann ich jetzt gut gebrauchen«, erwiderte der Bass. Die beiden verschwanden im Haus.

Am westlichen Himmel brannte noch ein blasser Schein des gestorbenen Tages. Über Kivesi funkelten die Sterne. Es war eine kühle, friedliche Nacht.

Die drei Flüchtlinge hasteten schweigend und keuchend die dunkle Waldstraße entlang, um Distanz zwischen sich und das Dorf zu bringen. Bang lauschten sie nach rückwärts, besorgt, dass Verfolger nachkämen, sie stellten und mit Flüchen und Gewehrkolben wieder zurücktrieben nach Kivesi.

Stumm und dunkel stand der Wald zu beiden Seiten. Nur das leise Rauschen des schwachen Windes in den Zweigen war zu hören, dann und wann unterbrochen vom Schrei eines Nachtvogels.

Brunner blieb oft stehen und lauschte zurück, aber in Richtung des Dorfes war alles still – kein verdächtiges Motorengeräusch, kein Rufen.

Lämmer pendelte keuchend zwischen den Krücken. Er setzte sie weit vorn auf und schwang routiniert den Körper durch. Neben ihm trabten die Kameraden, Teichmann mit dem Verpflegungssack beladen. Stumm wechselte er ihn mit Brunner.

Es war jetzt nicht die Zeit für lange Fragen. Die Sorge um die Sicherheit war größer als die Neugier.

»Geht's, Franzi?«, fragte Brunner den mühsam Dahinhumpelnden.

»Ja, freilich geht's«, schnaufte Lämmer. »Schaun wir nur, dass wir weiterkommen.«

Trotz der Nachtkühle brach ihnen der Schweiß aus. Dumpf hallten ihre eiligen Schritte auf der matt erhellten Waldstraße.

»Du hast ja a Kart'n, gell?«, erkundigte sich Brunner bei Teichmann.

»Ja, in der Tasche, Loisl.«

»Verlier sie bloß net, hörst!«

»Keine Bange«, schnaufte der andere.

Wieder verging eine Weile. Die Straße verließ den Wald, durchlief ein Stück buschbewachsenes Freiland und führte in den Wald zurück.

»Jetzt kann ich nimmer«, keuchte Lämmer. »Nur ein paar Minuten rasten, Kameraden.«

Erschöpft sank er in den Straßengraben.

Die anderen blieben horchend auf der Straße stehen.

»Ich glaub net, dass sie nachkommen«, sagte Brunner. »Wegen einem Entlaufenen reißen die sich keinen Haxen aus.«

»Wie bist du überhaupt weggekommen?«, fragte Teichmann.

In Brunners dunklem Gesicht schimmerten die Zähne, so breit grinste er.

»Ja, mei, ich war erst a wengerl erstaunt, als ich aufgerufen worden bin und in die Wachstuben gegangen bin. Da hat mir der finnische Feldwebel gesagt, ich sollt mit ihm kommen und ihm was tragen helfen. 's war a große Rollen Stacheldraht. Für an Weidezaun, hat er gesagt. Ich hab mir weiter nix dabei denkt und bin mitgangen. Als wir aber auf den Hof zugangen sind, wo ihr wart, bin ich stutzig geworden, und hab mir gedacht, was is denn dös? Ist dös Zufall oder was?«

»War der Finne freundlich?«

»Sie sind alle freundlich, bis auf a paar Ausnahmen natürlich. Der Feldwebel hat g'sagt, er wär a guter Freund vom Bauern. Da ist mir langsam a Licht aufgegangen. Na ja, wie's dann weitergegangen ist, das wisst ihr ja«

»Und wie war es vorher?«, fragte Teichmann.

Da erzählte Brunner, wie ihm der Durchbruch bei Linkö mit Brennecke glückte, und wie es kam, dass Drexler, Ferdl und der Hartung fielen. Mit Brennecke sei er dann bis in die Nähe von Kivesi gekommen.

»Auf einmal waren wir von der Miliz umstellt«, schloss er. »Da war natürlich der Bart ab, und wir sind in ein Lager gesteckt worden. Der Brennecke hat sich gleich eine ruhige Kugel auf der Schreibstuben gesichert, ich bin zur Straßenarbeit abkommandiert worden. Und wie ist's euch ergangen?«

Teichmann berichtete über den Verlauf ihres Schicksals, und als er erzählte, wie Koschinski bei den Russen aufgetaucht war, sagte Brunner:

»Siehst, ich hab dem Kerl von Anfang an net getraut. Der hat was im Gesicht gehabt, was mir net gefallen hat. So a Sauhund, so a hinterfotziger!«

Teichmann erzählte zu Ende – von dem russischen Hauptmann, von der menschlichen Behandlung, und schloss mit den Worten: »Es ist uns wie ein Wunder vorgekommen, Loisl. Es ist überhaupt ein Wunder, wie die Zeit über uns wegrollt, ohne uns platt zu walzen.«

Da legte Brunner Teichmann die Hand auf die Schulter und erwiderte: »Wir sind noch lang net am Ziel, Werner. Warten wir's ab und freuen wir uns nicht zu sehr über unser Glück.«

Lämmer trieb wieder zum Weitermarsch. Sie halfen ihm auf die Beine, hakten links und rechts bei ihm unter und wanderten weiter. Die drei Gestalten tauchten in der Nacht unter.

Mit vielen Unterbrechungen, die Lämmers Gehbehinderung erforderte, marschierten sie bis zum Morgengrauen. Die Gegend war menschenleer, einsam und ursprünglich. Hinter jedem Wald, den sie durchmaßen, lag ein See mit verwilderten Ufern oder weiten Schilflandschaften. Wildentenschwärme flogen ein und aus und belebten die morgendliche Stille mit ihrem krächzenden Geschrei.

Als Lämmer immer langsamer wurde und immer öfter stehenblieb, schlug Brunner vor, man solle ein paar

Stunden Rast abseits der Straße einlegen. Sie legten sich unter Büschen nieder, wo hohes, raues Schilfgras wucherte und eine gute Lagermöglichkeit bot, und schliefen wie Tote.

Die Sonnenwärme weckte erst Brunner, dann Teichmann. Lämmer schlief ermattet weiter.

Teichmann und Brunner frühstückten Speck und derbes, aus grobem Kornmehl gebackenes Bauernbrot; dann besprachen sie die weitere Marschroute anhand der Karte.

Es war beabsichtigt, die von Nurmes nach Kajaani führende Eisenbahnlinie zu erreichen und ihr bis Oulu zu folgen. Von Oulu aus wollte man versuchen, über Kemi nach Tornio zu gelangen, das dicht an der finnisch-schwedischen Grenze lag, und die Landesgrenze in Richtung Haparanda oder Korungi zu erreichen, das auf schwedischem Territorium lag.

»Das sind insgesamt ungefähr dreihundert Kilometer«, sagte Brunner.

»Ob der Franz das schafft?«, fragte Teichmann leise und warf einen besorgten Blick auf Lämmer, der noch immer schlief.

»Wie ist er denn sonst beisammen?«, erkundigte sich Brunner im Flüsterton und tippte dabei mit dem Finger leicht gegen die Stirn.

»Ein paar Tage war er ganz normal«, erwiderte Teichmann. »Aber sobald es irgendwie aufregend wird, fängt er wieder an.«

Brunner schaute eine Weile nachdenklich auf den schlafenden Kameraden. Wie erbarmungswürdig er aussah! Wie ausgemergelt und geschunden! Das Gipsbein, durch das er so viel Kraft verbrauchte, war bis zur

Unkenntlichkeit verschmutzt, das Gesicht, jetzt im Schlaf gelöst, wirkte grau, ein wilder Flaumbart spross um das spitze Kinn und die vortretenden Backenknochen. Das Heftpflaster über der Stirn hatte sich durch den Schweiß halb gelöst; man sah einen hellen Hautfleck.

»Armer Kerl«, murmelte Brunner, »er trägt von uns allen am schwersten. Wir müssen ihn durchkriegen, um jeden Preis, Werner! Und wenn wir selber dabei draufgehen, gell?«

Teichmann nickte nur.

Eine halbe Stunde später waren sie wieder unterwegs, und es schien ihnen, als würden sie von der Einsamkeit des Landes garadezu aufgesaugt.

Der reichhaltige Proviant hielt sie bei Kräften, und sie kamen den Umständen entsprechend gut voran. Lämmer hielt sich tapfer und humpelte auf seinen Krücken mit, als habe er sich in sein Schicksal ergeben.

Die Eisenbahnlinie erreichten sie am nächsten Tag; sie folgten ihr und gewöhnten die Beine daran, von Bahnschwelle zu Bahnschwelle zu gehen – ein Schrittmaß, das in seiner ungewohnten Länge anfangs schwierig, dann aber immer leichter und müheloser aufzunehmen war.

Stunde um Stunde dauerte der Marsch auf dem Bahndamm. Er führte durch Wälder und über einsame Steppenlandschaften hinweg. Manchmal kamen sie an einem verfallenen Wächterhäuschen vorbei, in dem sie kurze Rast hielten.

Am ersten Tag des Bahnschienenmarsches achtete man darauf, ob Züge kämen, aber der finnische Bahnbetrieb schien völlig eingestellt zu sein.

Am zweiten Tag jedoch, kurz vor dem Höchststand der herbstlich warmen Sonne, ertönte in der Ferne ein Klirren und Rollen. Hastig kletterten sie den Bahndamm hinunter und verbargen sich im Gebüsch. Aus ihrem Versteck heraus sahen die drei Flüchtlinge drei hintereinandergekoppelte Lokomotiven heranrollen, die erste als Zugmaschine, die anderen beiden offensichtlich dampflos.

»Die fahren wahrscheinlich nach Nurmes«, meinte Brunner. »Der finnische Bahnbetrieb wird erst wieder organisiert, und die Loks holen bestimmt die ersten Zuggarnituren.«

Weiter ging es. Dann und wann tauchte eine winzige Station auf, auf der aber keine Menschenseele auf einen Zug wartete. Irgendwo weit im Land lag ab und an ein Dorf, oder es zeigten sich ein paar einsame Höfe aus der Ferne.

Tram-Tram-Klipp-Klipp, Tram-Tram-Klipp-Klipp. So tönten die Marschschritte der drei abgerüsteten Soldaten auf dem Schienenweg, Kilometer um Kilometer, Meile um Meile. Der Weg auf den Schienen nahm kein Ende.

Am dritten Tag gegen Nachmittag tauchte geradeaus eine Ortschaft auf.

»Das ist Kajaani«, stellte Brunner fest, der die Landkarte trug und die Marschrichtung vorgab.

»Das heißt, dass wir einen Bogen schlagen müssen«, meinte Teichmann.

»Klar, Spezi! Und keinen zu knappen!«

Sie verließen die Bahnstrecke, bogen weit nach Westen aus und umgingen Kajaani. Sie waren vorsichtig wie Füchse, bewegten sich mit angespannten Sinnen über flaches Buschland hinweg, durch Moore, auf denen dunkle Torfhaufen in Reih und Glied aufgeschichtet waren, durch dichten Wald, um nach einem Tagesmarsch wieder auf die Bahnlinie zu stoßen.

Diese lief längs am Ufer eines riesigen Sees entlang- und durchmaß dann ödes, mit gelblichem Gras bewachsenes Flachland, durch das sich ein Fluss schlängelte. An seinem linken Ufer führte der Schienenweg entlang.

Die Stationen, kleine Holzhäuser mit abgenutzten Wartebänken und unbemannten Wachbuden, wechselten einander in größeren Abständen ab. Die Stationen trugen keine Namensschilder. Ein paar Bahnhofsstrecken waren von Bomben aufgerissen, auf toten Geleisen standen ausgebrannte Güterwagen.

Die Einsamkeit des Landes war trostlos und sie wäre noch trostloser gewesen, wenn nicht die Sonne geschienen hätte.

»Was haben wir für a Massl, dass das Wetter so durchhält«, sagte Brunner.

»Wir haben überhaupt unwahrscheinliches Glück, dass wir so gut weiterkommen«, behauptete Teichmann.

»Beschrei's net«, ermahnte der andere. »Noch sind wir net am Ziel.«

Der Karte nach kam jetzt Oulu, Huik Tekiös Heimat, die kleine Stadt am Meer. Man sprach von Huik und erinnerte sich dankbar dessen Hilfsbereitschaft.

»So wie er denken viele Finnen«, sagte Brunner. »Die freuen sich nicht besonders darüber, dass sie jetzt mit den Iwans paktieren müssen.«

Einmal mussten die drei flugs verschwinden und in Deckung springen.

Sie waren stumpfsinnig von Schwelle zu Schwelle marschiert und hatten an alles Mögliche gedacht, nur nicht daran, dass unvermutet hinter ihnen etwas anrollen könnte.

»Mensch, da kommt was!«, rief Brunner, als er ein dumpfes Rollen und Poltern hinter sich hörte. »Volle Deckung!«

Sie tauchten zwischen kahl werdenden Weidebüschen unter und spähten klopfenden Herzens zum Bahndamm hinüber.

Dort rollte eine Draisine heran, ein flaches Gefährt auf vier Rädern, angetrieben von einem Benzinmotor, der träge vor sich hinblubberte. Ein halbes Dutzend Milizsoldaten saß auf dem langsam vorbeirollenden Fahrzeug. Sie rauchten, ließen die Beine baumeln und reichten eine Flasche herum.

Als der polternde, knatternde Spuk vorüber war, sprangen Teichmann und Brunner auf. Nur Lämmer blieb liegen, bewegungslos, stumm und elend, das Gesicht ins Gras gedrückt.

»Komm, Spezi«, munterten sie ihn auf, »weiter geht's, nur keine Müdigkeit vorschützen.«

Da hob Lämmer den Kopf, schaute Brunner mit seltsam leeren Blick an und murmelte: »'s geht nimmer, Kameraden. Ich kann nimmer. Geht allein weiter, ich bin ja bloß ein Klotz am Bein.«

»Ja, du damischer Hiasl du!«, schimpfte Brunner mit gespielter Grobheit.»Jetzt bist bis hierher marschiert, das letzte Stückl wirst wohl auch noch derpacken! 's gelobte Land ist nimmer weit!«

Lämmer schüttelte den Kopf und hob seine Hände; sie sahen jämmerlich aus. Die Bandagen waren längst verschmutzt und durchgescheuert, das nackte rote Fleisch war zu sehen.

Teichmann und Brunner sahen sich kurz an. Dann hockten sie sich neben Lämmer auf den Boden. Brunner zog seinen Mantel und die Feldbluse aus, riss das vor Schmutz grau gewordene Hemd in Streifen und wickelte sie zu einem dicken Verband um Lämmers Hände. Ihm besser zu helfen, war nicht möglich.

»Jetzt ist dein Hemd auch noch hin«, murmelte Lämmer schwach.

»Quatsch net«, brummte Brunner, »auf die Weis sind die Pratzen wenigstens gut gepolstert, und wenn's gar nimmer anders geht, dann tragen wir dich eben.«

»Ich mach euch so viel Scherereien«, jammerte Lämmer. Ein paar Tränen rannen ihm durch die flaumigen Bartstoppeln. Lasst mich doch einfach sitzen und geht allein weiter.«

Brunners Stimme klang hart und hatte einen scharfen Befehlston angenommen: »Aufstehst jetzt! Da hast deine Spazierhölzer! Weiter geht's!«

Er zog Lämmer hoch. Teichmann gab ihm die Krücken. Beide stützten den Ächzenden und schoben ihn wieder auf den Bahndamm. Mit Tränen in den Augen, mit zusammengebissenen Zähnen schleppte Lämmer sich weiter, setzte die Krücken im gewohnten Rhythmus auf die Schwellen, schwang das angezogene Gipsbein durch und keuchte.

Teichmann und Brunner stützten ihn. Ihre Gesichter waren von den Strapazen gezeichnet. Es waren harte Gesichter.

Vier Tage brauchten sie bis in die Nähe der kleinen Fischerstadt Oulu. Die Bahnstrecke war jetzt immer öfter aufgerissen. Alte Bombenkrater, in denen Gras oder Sträucher wucherten oder schwärzliches Grundwasser sich angesammelt hatte, zeigten sich rechts und links des Bahndammes. Zahllose Telegrafenmasten lagen geknickt und mit wirrem Drahtzeug am Schienenrand.

Kurz vor Oulu, das sich in einem dunstigen Schleier undeutlich zeigte, führte eine halb zerbombte, aber noch begehbare Holzbrücke über den Fluss.

»Hier müssen wir rüber«, sagte Brunner, der während der ganzen Marschzeit wie selbstverständlich die Führung und auch die Sicherung der Kameraden übernommen hatte.

Sie mussten jetzt Oulu umgehen, da sie in dem Küstenort Militär vermuteten. Die Gefahr, einer Streife in die Hände zu fallen, so kurz vor dem Ziel gefasst zu werden, verstärkte Brunners Umsicht und Achtsamkeit. Oft ließ er Teichmann und Lämmer, der sich wacker hielt, lange warten, ging voraus und erkundete die nächste Wegstrecke.

Jedes Mal, wenn er wieder auftauchte, atmete Teichmann erleichtert auf. Lämmer marschierte wie eine Maschine in stumpfer Gleichgültigkeit. Seine wundgescheuerten Hände schien er nicht mehr zu spüren. Er ließ sich von den Kameraden füttern, nickte stumm seinen Dank und schleppte sich weiter.

Die Umgehung Oulus dauerte einen ganzen Tag, dann stießen sie wieder auf die nordwärts, dicht an der Küste entlangführende Bahnstrecke. Man roch die Nähe des Meeres, eine steife Brise wehte heran, die salzig schmeckte. Es war beträchtlich kälter geworden, die Sonne wanderte hinter einem dunstigen Himmel, und nachdem die drei Landser unweit der Bahnstrecke in einem alten, halb zerfallenen Schafstall die Nacht verbracht hatten und am nächsten Morgen aufwachten, schneite es.

»Ganz gut so«, meinte Teichmann, vor Kälte schnatternd. »Da kommen wir gefahrloser voran.«

Brunner maß noch einmal die letzte Strecke. Bis Kemi waren es noch etwa 60 Kilometer, dann noch einmal etwa 40 bis zur schwedischen Grenze.

»Wenn dös so weiter schneit«, sagte Brunner, »brauchen wir a Wochen. Solang reicht aber unser Futter net. Wir müssen schaun, dass wir schneller vorankommen.«

»Gute Idee«, grinste Teichmann mit einer Art Galgenhumor. »Warten wir auf der nächsten Station auf den Nachtexpress.«

»Das wäre eine Idee!«, brummte Brunner. »Mal schaun, meine Herren! Jedenfalls hab ich das Hatschen auf dem Bahndamm satt. Ich kann schon gar nimmer normal gehn!«

Und es war auch tatsächlich so: Sobald sie den Bahndamm verließen, spürten sie in den Beinen den unnatürlichen Schrittrhythmus des Von-Schwelle-zu-Schwelle-Laufens.

Die Strecke von Oulu nach Kemi war intakt. Es herrschte Zugverkehr in beide Richtungen, aber immer waren es Güterzüge, die vorbeirollten. Auf den Waggons waren mit weißer Farbe Hammer und Sichel gemalt, dazu Propagandasprüche in russischer oder finnischer Schrift.

Jedes Mal, wenn ein Zug nahte, hasteten die drei Flüchtlinge vom Bahndamm und verbargen sich, bis der Zug vorbeigerollt war. Etwa 40 Kilometer nördlich von

Oulu führte die Bahnstrecke über einen ziemlich breiten Fluss, der auf der Karte als Li-Joki eingezeichnet war.

Die Brücke war bewacht. Als Brunner, der wie immer vorausgegangen war, dies feststellte, sank ihm der Mut, und er wagte kaum, es den Kameraden mitzuteilen. Sie berieten, wie sie hinübergelangen könnten. Brunner wollte versuchen, irgendwo am Ufer ein Boot zu finden; über zwei Stunden blieb er aus, dann kam er mit verdrossener Miene zurück und sagte:

»Nix ist es.«

Lämmer, in den letzten Tagen wieder etwas gesprächiger geworden, schlug vor, den Fluss schwimmend zu durchqueren. Aber Brunner wie Teichmann waren absolut davon überzeugt, dass sie das nie würden schaffen können.

»Gut«, sagte Brunner, »dann müssen wir über die Bruckn rüber. So oder so!«

Auf der Brücke patrouillierte nur ein Posten. Die Wachstation befand sich auf der anderen Flussseite unter der Brücke: ein kleines Holzhaus, dessen Existenz sich durch einen rauchenden Schornstein verriet.

Da kam den drei Landsern ein mehr oder weniger glücklicher Umstand zu Hilfe: Ein heftiges Schneetreiben setzte ein. Dazu blies ein steifer Wind aus nordöstlicher Richtung.

Frierend und von den Strapazen zermürbt, warteten Teichmann und Lämmer in einer Gruppe Weidenbüsche auf Brunner, der nach Anbruch der Dunkelheit davongeschlichen war.

Stunde um Stunde verging, aber Brunner kam nicht. Die beiden Landser in den Weidenbüschen drohten zu erstarren, einzuschneien. Eng aneinandergeschmiegt versuchten sie sich gegenseitig ein wenig Wärme zu spenden.

»Wir schaffen das nie«, murmelte Lämmer.

»Der Loisl wird schon was aufreißen«, tröstete Teichmann, dessen Vertrauen zu Brunner unerhört gestiegen war. Dieser stämmige Berchtesgadener schien weit überdurchschnittliche Kräfte zu besitzen. Sein Körper und Verstand waren anscheinend durch nichts zu schwächen.

Es war Nacht geworden, Brunner blieb noch immer aus. Teichmann und Lämmer fühlten, dass das Ende herankroch – kalt, als jaulendes Gespenst, das die Büsche peitschte.

Plötzlich stand Brunner vor den beiden kauernden Gestalten.

»Los, kommt schnell!«, rief er in das Sausen des Windes, der den Schnee vor sich hertrieb. »Die Brucken ist frei!«

Teichmann und Lämmer ächzten, rappelten sich hoch, stützten sich taumelnd.

»Mensch, Loisl«, stammelte Teichmann, »was hast du denn da?«

Brunner trug plötzlich ein Gewehr und ein Koppel mit Schulterriemen.

»Fragt jetzt net«, rief er hastig, »kommt mir nach!«

Er ging voraus, stemmte sich kraftvoll gegen den Wind und half Teichmann und Lämmer auf den Bahndamm. Von hinten schob er sie auf die Brücke zu.

Die Brücke war tatsächlich frei! Heftig zerrte der eiskalte Wind an den drei Gestalten. Bald waren sie drüben. Im dichten Schneetreiben sah Teichmann undeutlich am Brückenende ein schemenhaftes Etwas neben den Schienen stehen.

»Los, anpacken! Schnell!«, kommandierte Brunner mit unterdrückter Stimme. »Dös ist unser Nachtexpress!«

Neben den Schienen stand eine Draisine. Wahrscheinlich diente sie der unter der Brücke hausenden Brückenwache als Fahrzeug.

Es war keine Zeit zu fragen. Jeden Augenblick konnte ein Wachposten den Bahndamm hinaufkommen und den anderen suchen, der, wie Teichmann unschwer erraten konnte, auf gewaltsame Weise verschwunden war. Brunner musste ihn unbemerkt aus dem Verkehr gezogen oder einfach beseitigt haben.

Mit einigen Mühen wurde das Fahrzeug auf die Schienen gehoben, was nicht ohne Lärm vonstatten ging. Aber da der Wind nun in allen Tönen im Gestrebe der Eisenbahnbrücke jaulte, blieb denen weiter unten im warmen Wachhaus das dumpfe Gepolter gewiss verborgen.

Die Draisine hatte eine Tretvorrichtung. Brunner und Teichmann setzten sie kräftig in Bewegung. Mit dumpfem Gepolter fuhr das Ding los, rollte immer schneller und tauchte schließlich im dichten Schneetreiben unter.

Lämmer lag zusammengerollt auf der hinteren Plattform des Fahrzeuges, während Teichmann und Brunner in die Pedale traten, und da der Wind seitlich einfiel, beschleunigte sich die Geschwindigkeit.

Teichmann fragte nicht, und Brunner sagte nichts. Das Gewehr und die Patronentasche verrieten nur zu genau, was geschehen war.

»Wir müssen aufpassen, dass kein Zug entgegenkommt«, schrie Teichmann dem neben ihm hockenden Brunner zu.

»Na, wenn schon«, schrie dieser zurück. »Ich lass es darauf ankommen. So geht's doch weitaus besser, gell? Wir fahren, Leut!«

Er stimmte einen unschönen Gesang an und trat so fest in die Pedale, dass Teichmanns lange Beine in zappelnde Bewegung gerieten.

Ein toller Kerl, dieser Brunner, dachte Teichmann, aber dann wieder überkam ihn ein sonderbares Gefühl, so als müsse er von Brunner abrücken, ihn sogar von dem rumpelnden Fahrzeug stoßen. Brunner hatte einen arglosen Menschen beseitigt, einen Menschen, der dem gleichen Volk angehörte wie Huik Tekiö! War das wirklich notwendig gewesen? Durfte man das eigene Leben über das eines anderen stellen? War dieser Krieg die Entschuldigung für jede Schandtat?

Teichmann gelang es nicht, seine Gedanken zu ordnen, und er hatte auch nicht den Mut, auf die Fragen, die er sich selbst stellte, eine Antwort zu geben. Nur eines wurde ihm erschreckend klar: Ein Menschenleben ist im Krieg wertlos! Man kann es auslöschen, wenn es ums eigene geht!

Wer schuf dieses entsetzliche Gesetz? Der Satan? Der Mensch selbst?

Obzwar die drei Reisenden auf der Draisine damit rechnen mussten, einem entgegenkommenden Zug zu begegnen und sich allenfalls durch einen sofortigen Absprung retten zu können, fuhren sie weiter. Stunde um Stunde. Kein Zug kam ihnen entgegen, keine drohenden Lichter tauchten aus dem Schneetreiben auf.

»Franzi! Lebst noch?«

Brunner schrie es über die Schulter zurück. Das Menschenbündel, das der Schnee zudeckte, bewegte sich und ließ ein krächzendes Ja hören.

»Bald san wir da!«

Brunners Stimme klang fest und freudig. Die Tat auf der Brücke schien ihn nicht weiter zu bewegen. Oder etwa doch?

Teichmann sprach ihn an, aber er bekam keine Antwort. Den Blick starr nach vorn gerichtet, trat Brunner unermüdlich in die Pedale. Es war im Wesentlichen seiner Anstrengung zu verdanken, dass die Draisine in schneller Fahrt weiterrollte – unermüdlich, Kilometer um Kilometer.

Wir hätten Stunden, wir hätten Tage dazu gebraucht, überlegte Teichmann, während er sich bemühte, seine langen Beine in Bewegung zu halten und sich gleichzeitig an dem Griff vorn festzuklammern. Wir wären die Hälfte der bisherigen Marschzeit unterwegs gewesen, wenn wir dieses fantastische Ding schon früher gehabt hätten.

Und wieder schob sich jener Gedanke auf ihn zu, der bislang unbeantwortet geblieben war: der Tod des Brückenpostens.

Die Draisine rollte jetzt ziemlich schnell, da sich der Schienenweg neigte. Die beiden Treter nahmen die Füße von den Pedalen. Brunner reckte sich und schaute auf die Plattform zurück, auf der Lämmer lag. Man sah ihn kaum noch unter dem Schnee, man sah nur einen weißen Hügel.

»Franzi, net schlafen, hörst! Beweg dich!«

Keine Antwort.

Da beugte sich Brunner zurück, packte Lämmer am verletzten Bein und drehte es.

»Aaaauuuuaah ...«, brüllte Lämmer und fuhr wütend in die Höhe.

»Beweg dich, du Depp!«, schrie Brunner ihn an. »Sonst derfrierst!«

Lämmer antwortete mit dumpfem Gejammer und betastete den Gipsfuß.

»Du bist ein grobes Schwein, Lois«, fauchte Teichmann.

»Halt die Goschen«, kam es barsch zurück. »Besser, sein Haxen ist noch mal gebrochen, als dass er uns hier erfriert. Es ist schließlich saukalt auf unserem Nachtexpress.«

Der rollte unvermindert rasch weiter. Links und rechts war niedriger Wald aufgetaucht, den der Schienenstrang durchschnitt. Teichmann starrte in das Schneetreiben. Er sah nur wenig, da die Brillengläser immer wieder beschlugen. Doch er wischte sie immer wieder frei.

Plötzlich stellte er an Brunner die Frage: »Was hast du mit dem Posten gemacht?«

»Wir sind ins Handgemenge gekommen, als ich plötzlich vor ihm stand. Und bei der Rauferei ist er durch das Geländer in den Fluss gefallen.« Nach einer Weile setzte Brunner hinzu: »Ich hab gedacht, dass ich mir die Händ net mehr schmutzig zu machen brauch, Werner ... aber jetzt war's doch noch mal notwendig, 's soll der letzte Tote sein, den ich mir aufs Gewissen geladen hab.«

Die Draisine verlangsamte das Tempo. Die beiden auf den Sitzen mussten wieder in die Pedale treten. Die

Gestalt auf der rückwärtigen Plattform wimmerte leise vor sich hin.

Als die Draisine aus dem Wald glitt, hatte sich der Wind gelegt. Es schneite nur noch mäßig, aber die Nacht war kalt und ließ den nahenden Winter ahnen.

Weder Wind noch Wetter, weder wunde Hände noch Gefahren vermochten die drei Landser davon abzuhalten, ihr Ziel zu erreichen. Die Hoffnung, diese Zeit zu überleben, gab ihnen die Kraft, um dieses Leben zu kämpfen, und sie waren deshalb auch bereit, es aufs Spiel zu setzen.

Dass sie in dieser Nacht bis kurz vor Kemi gelangten und nicht von einem entgegenkommenden Güterzug zermalmt wurden, wertete Teichmann gleicherweise als gutes Omen wie das erneute Zusammentreffen mit Alois Brunner, dem zähen Bergler, dem Mann, der unverdrossen an das Erreichen des Zieles glaubte: das neutrale Schweden.

Mit leer werdendem Proviantsack, mit zerfetzten Kleidern und sich auflösendem Schuhwerk, durch Neuschnee, Wind und Kälte gelang ihnen die Umgehung der Finnenstadt Kemi, gelang ihnen auch die Überquerung des Kemi-Jok. Die schwedische Grenze näherte sich mit jedem Schritt, mit jedem Fluch, mit jedem erschöpften Atemzug.

Sie schliefen in verlassenen Hütten, in Heuhaufen, sie verzehrten die letzte Scheibe Brot und zerkauten die geräucherten Speckschwarten; sie tranken wie das Wild aus Bächen und Rinnsalen, sie verloren langsam die Sprache und wurden stumm vor dumpfer Hoffnung und lähmender Erschöpfung. Nur ihre Augen, ihre Sinne waren wach, und erklangen, irgendwo auf der Straße, vor oder hinter ihnen, die Geräusche von Motoren oder fremde Laute, dann hetzten sie wie geflohene Verbrecher ins Dickicht und keuchten sich die Furcht aus den Körpern.

Am sechzehnten Marschtag nach Verlassen von Huik Tekiös menschenfreundlichem Hof erreichten sie die finnisch-schwedische Landesgrenze. Unterwegs war es ihnen nicht entgangen, dass das finnische Land von den Sowjets kontrolliert wurde. Mehr als einmal erblickten die Heimatsucher Personen- oder Lastwagen, auf denen der Sowjetstern weithin leuchtete, vernahmen sie aus der Nähe die rau klingenden Stimmen jener Menschen, die sie fünf Jahre lang bekämpft hatten und von denen sie bekämpft worden waren.

Die drei rechneten mit Gewissheit damit, dass jene rauen Stimmen auch längs der Grenze zu hören sein würden, dass die Sowjets es sich nicht nehmen lassen würden, einen Blick nach drüben zu werfen, in das neutrale Land, in dem Frieden herrschte, in dem jedes Fenster hell war, und in dem die Menschen nicht in die Keller zu flüchten brauchten, wenn dumpfes Gedröhn in den Lüften oder auf den Straßen erscholl.

Die Gegend war wieder waldig geworden, im Norden zeigten sich schneebedeckte Berge. Sie lagen schon auf schwedischem Gebiet. Zu ihnen hinüber war es noch weit, zwischen ihnen lag das große Risiko, der Stolperdraht oder der lauernde Gewehrlauf eines Uniformierten.

Mit größter Vorsicht schlichen sich Teichmann, Brunner und Lämmer dem Gefahrenbereich entgegen, und wieder war es der Berchtesgadener, der mit untrüglichem Instinkt das Hindernis witterte, leise Gespräche zwischen Büschen wahrnahm oder plötzlich heranrollende Fahrzeuge – mit oder ohne den gefürchteten Sowjetstern.

Dann erreichten sie den bewaldeten Höhenzug, von dem aus sie in das leicht verschneite Tal hinabschauen konnten, durch das sich der Strom als schier unüberwindliche Grenzlinie wälzte, um sich bei Haparanda ins Meer zu ergießen.

»Da kommen wir nie rüber«, sagte Lämmer verzagt, als er den grauen Riesenwurm sah, das Hindernis, das Bollwerk vor der Freiheit.

»Wir müssen es schaffen«, sagte Brunner mit der ihm eigenen Entschlossenheit.

Und Teichmann nickte dazu und erwiderte: »Ja, wir müssen es schaffen, sonst wäre schließlich alles umsonst gewesen.«

»Drum eben«, grinste der Berchtesgadener, »drum eben, Werner! Aufs Wollen kommt's an, auf den festen Willen! Der Wille versetzt Berge und überspannt das größte Wasser!«

Sie verließen den Beobachtungsplatz auf der Waldhöhe und pirschten sich, Franz Lämmer stützend, wenn er mit den Krücken hinzufallen drohte, ins Tal hinab. Dort, wo der Wald aufhörte, verlief eine schmale Straße, mehr ein landwirtschaftlicher Fahrweg. Zwischen Wald und Strom war freies Land. Der Schnee hatte sich hier nicht gehalten, die Ebene zu beiden Ufern sah leer aus. In weiten Abständen erhoben sich uralte, wahrscheinlich schon längst vergessene Holzhütten, in denen irgendwann einmal finnische Bauern ihr Heu für den Winter aufbewahrt haben mochten.

Man sah weit und breit keinen Hof, keine menschliche Behausung. Aber auf der Straße hatten sich die Spuren von Motorfahrzeugen eingedrückt. Sie verrieten, dass hier Patrouillen durchgeführt wurden, und vielleicht lauerte da und dort zwischen den Weidenbüschen ein MG-Nest mit zwei oder drei geübten Schützen, versorgt mit scharfen Gläsern, die alles, was sich bewegte, sahen!

Lange kauerten die drei am Waldrand. Die Straße mit ihren verräterischen Spuren erschien ihnen als Ungeheuer, als gefährlichste Linie, der Weg zum Strom nicht minder lebensgefährlich!

»Warten«, sagte Brunner lakonisch. »Warten wir, bis es finster ist, dann schaun wir weiter.«

»Und wie kommen wir übers Wasser?«, fragte Lämmer besorgt.

»Dös wird sich alles zeigen«, entgegnete der Berchtesgadener in unerschütterlicher Ruhe.

Die Stunden schlichen dahin. Auf Lämmers Uhr war es vier. Die Straße blieb leer. Gab es hier keine wachsamen Augen, keine Gewehrläufe?

»Die sind bestimmt irgendwo und passen auf«, sagte Brunner, dem die vollkommene Stille tiefstes Misstrauen einflößte.

Und tatsächlich! Kurz nach vier zeigten sich mit einem Male die Grenzpatrouillen. Sie schlenderten aus beiden Richtungen heran und begegneten einander just dort, wo hinter dichtem Gestrüpp drei ängstliche Gesichter spähten.

Es waren Finnen, die sich unterhielten. Alle waren mit Schnellfeuergewehren bewaffnet und mit schweren Nachtgläsern ausgerüstet. Sie plauderten arglos, sie lachten, sie riefen sich Scherzworte zu, dann gingen sie in ihren Richtungen weiter.

»Russen san jedenfalls keine da«, stellte Brunner fest. »Dös beruhigt mich schon einmal«, fuhr er fort und grinste zufrieden.

Wo nahm dieser Mensch bloß diese Ruhe, diese Heiterkeit her?

Bald dämmerte es. Hier im Stromtal fiel die Dunkelheit rascher ein als draußen in der großen Ebene.

»Vielleicht ist das Wasser weniger tief, als wir denken«, sagte Brunner. »Kann sein, dass wir irgendwo eine Furt finden und durchwaten können.«

»Das glaub ich nicht«, gab Teichmann zu bedenken. »Das sind Gebirgswasser, Loisl. Die sind fast immer reißend und tief.«

»Na schön, wenn's so ist, dann müssen wir uns was anderes suchen, Buben. Habt ihr die Heustadeln gesehn? Die sind aus Holz, und Holz schwimmt.«

Als es dunkel geworden war und es links und rechts vom Versteck der drei ruhig blieb, stand Brunner auf und gab das Zeichen, loszulaufen.

Sie nahmen Lämmer in die Mitte und liefen geduckt auf den Fluss zu, jederzeit bereit, sich beim Knallen von Schüssen hinzuwerfen.

Aber es blieb still. Geradeaus, zwischen dunklen Weidenbüschen und schlanken Erlenbäumen gurgelte der Grenzstrom. Seine Ufer waren unterwaschen, und als Brunner die Temperatur des weißlichen Wassers prüfte, murmelte er: »O je, eiskalt! Das kann an ganz schönen Schnupfen geben!«

»Willst du etwa rüberschwimmen?«, fragte Teichmann erschrocken.

»Ins Wasser werden wir auf alle Fälle müssen – früher oder später«, erwiderte Brunner trocken. »Dös kann net schaden, meine Herren. Wir san ja dreckiger als die Schweine.«

Mit diesen Worten ging er weg und blieb über eine halbe Stunde aus.

Teichmann schüttelte es bei dem Gedanken, ins Wasser zu müssen, in dieses eiskalte Grenzgewässer, das drohend gurgelte und in den Uferlöchern grunzte. Es kam ihm vor wie ein unberechenbares Untier, wie ein gefährlicher Geist.

Da keuchte Brunner aus der Dunkelheit heran. »Kommt weiter runter«, sagte er, »da liegen a Haufen angeschwemmte Baumstämm am Ufer!«

Sie folgten Brunner, so schnell sie konnten. Weiter unterhalb, wo der Strom eine kleine Bucht ausgeschwemmt hatte, kreiselten dicht am Ufer große Baumstämme im Wasser. Ein paar hatten sich zusammengeschoben und gaben durch die Wasserbewegung dumpfe, polternde Laute von sich.

»Habt ihr schon mal was von einem Floß gehört?«, fragte Brunner.

»Wie willst du die Brocken zu einem Floß zusammenkriegen?«, fragte Teichmann.

Darauf grinste Brunner breit: »Bei einem Oberschnäpser ist nix unmöglich, lieber Herr Oberjäger. Und jetzt – schaut her! Als sichtbares Zeichen dafür, dass der Herr Oberschnäpser Alois Brunner jetzt zum Herrn Brunner aus Berchtesgaden wird, schmeiß ich die Kugelspritzen samt Zubehör ins Wasser!«

Mit diesen Worten schleuderte er das Beutegewehr samt Koppelzeug in weitem Bogen ins Wasser.

»So«, lachte er und rieb sich die Hände, »und jetzt, meine Herren, kommt a wunderschöne Floßfahrt auf der Isar!«

Er kletterte zu den schwimmenden Baumstämmen hinab, sprang darauf, versuchte zu balancieren – und klatsch! Da lag er schon im Wasser. Er klammerte sich fest, zog sich hoch und fluchte.

»Na los, kommt schon!«, rief er mit unterdrücktem Zorn. »Seid keine Feiglinge! 's Wasser ist wunderschön warm, man muss nur erst mal drin sein! – Los jetzt, Männer! Dalli!«

Da stiegen auch Lämmer und Teichmann hinunter. Der Wunsch, auf die andere Seite des Stromes, nach Schweden, ans Ziel zu kommen, war stärker als der Widerwille, als die natürliche Furcht vor dem eiskalten Wasser.

Mit einem erschrockenen Laut sank Teichmann ins Wasser und klammerte sich an einem Ast des sich hin und her bewegenden Baumstammes fest. Dann versank auch Lämmer. Er schnaufte nur, suchte einen Halt und fand ihn an einem zweiten Ast.

Das eiskalte Wasser drang im Nu durch die Kleider und raubte den dreien fast den Atem.

»Los jetzt!«, schnaufte Brunner, »mit den Haxen rudern, das Ding ins Wasser raustreiben!«

Nur Teichmann und Brunner konnten genügend Kraft aufwenden, um den treibenden Baumstamm von den anderen loszudrücken und in den Fluss hinauszumanövrieren. Als das vordere Ende des Stammes in den Strom geriet und von diesem jäh erfasst und hinausgerissen wurde, hatte die letzte und vielleicht auch gefährlichste Strecke ihrer Reise angefangen.

Der Strom war reißender, als er von der Höhe herab ausgesehen hatte. Das eiskalte Wasser zog und zerrte an den sich festklammernden Gestalten. Brunner und Teichmann versuchten verzweifelt, den davonschießenden Baumstamm mit rudernden Beinbewegungen in die Richtung auf das andere Ufer zu treiben.

Vergeblich! Der Strom tat, was er wollte. Er trieb den Baumstamm mit den drei daran hängenden Gestalten, von denen nur Kopf und Schultern heraussahen, stromabwärts. In unheimlicher, schneller Fahrt trieben sie dahin. Geisterhaft dunkel zog das nahe Ufer vorbei, Büsche, Bäume ...

Der Himmel war bedeckt, die Nacht finster. Teichmann und Brunner hatten es aufgegeben, den dahin jagenden Baumstamm ans rettende Ufer lenken zu wollen. Er trieb dahin, wie der Strom es wollte.

»Festhalten!« Brunners Stimme klang gepresst und verzweifelt.

»Franz«, keuchte Teichmann, dem das eiskalte Wasser das Herz abzudrücken drohte, »Franz ...!«

»Hier bin ich...« kam es von ganz hinten, wo Lämmer sich am Ast festklammerte und einfach mitgezogen wurde.

»Geht's... geht's noch, Franz?«

»Ja ...« Lämmer hustete.

»Halt dich bloß fest!«, rief Teichmann über die Schulter zurück.

»Schnauze!«, gurgelte es vorn, wo Brunner hing. »Man hört euch ja bis Stockholm quatschen, ihr verdammten Dussel!«

Sie schwiegen. Der Strom zerrte an ihnen, und einmal, da drehte sich der Baumstamm halb um die Längsachse, was die drei Mittreibenden veranlasste, sich anderswo festzuklammern.

Brunner spähte in die Fahrtrichtung. Weiter unten, undeutlich zu sehen, machte der Strom einen Bogen. Vielleicht trieb der Baumstamm in die jenseits liegende Krümmungslinie hinein ... dem rettenden Grenzufer zu.

»Rudern, Mannder... rudern!«, ertönte nun Brunners verkrampfte Stimme.

Es plätscherte, es plumpste ein paarmal, wenn die rudernden Füße, die kreisenden, strampelnden Beine aus dem Wasser fuhren. Brunner fluchte alle Augenblicke.

Da ...! Das Ufer schien näherzukommen! Schweden! Das Ziel!

»Er treibt rüber ...«, murmelte Brunner. »Er treibt rüber ... Herrgott, ich dank dir tausendmal, dass du ihn rübertreiben lässt!«

Das Wunder geschah. Oder war es vielleicht gar keines? War es eine ganz natürliche Sache, dass der Baumstamm sich mehr und mehr dem schwedischen Ufer näherte?

Die am Baumstamm Hängenden schwiegen. Das eiskalte Wasser lähmte ihnen Zungen und Glieder.

»Komm näher...«, betete Teichmann in sich hinein, »treib an, Baum!«

Schemenhaft dunkel, mit Sträuchern und Bäumen bewachsen, glitt das andere Ufer heran.

»Aufpassen«, kam es von vorn, wo Brunner hing, »wenn wir nah genug dran sind, loslassen und rüberschwimmen. An der nächsten Stell! Ich geb 's Kommando!«

Der Baumstamm trieb jetzt noch acht oder zehn Meter vom Ufer entfernt, die Strombiegung wurde übersichtlicher, der Himmel wurde allmählich heller und erleichterte die Orientierung.

Da trieb das Wasser den Baumstamm wieder die Strommitte zu. Als Brunner dies merkte, schrie er: »Jetzt! ... Los!«

Er schwamm. Man sah nur seinen Kopf, man hörte ein Prusten und ersticktes Husten.

Auch Teichmann hatte den Ast losgelassen und stieß sich ab, ließ den Baumstamm vorbeitreiben und warf sich mit letzter Kraft dem Ufersog entgegen.

Jeder dachte nur noch an sich selbst, jeder spürte, dass der Strom ein Teufel, ein mordlustiger Satan war. Verzweifelt ruderte Teichmann mit Armen und Beinen. Er war kein besonders guter Schwimmer, aber er näherte sich, abwärtstreibend, doch allmählich dem Ufer. Meter um Meter.

Weiter vorn stieg Brunner aus dem Wasser, tastete mit klammen Händen nach einem Halt, zog sich an einer Wurzel hinauf und blieb keuchend auf dem Bauch liegen.

»Alois ...«, gurgelte Teichmann, denn es wollte ihm nicht gelingen, festen Halt zu fassen.

Da sprang Brunner auf, rannte, stolperte am Ufer entlang, hob einen Ast auf und streckte ihn Teichmann entgegen.

Triefend und zu Tode erschöpft blieb Teichmann auf der feuchten Erde liegen. Aber wo war Lämmer? Er mit seinem Gipsfuß, er hatte es am schwersten! Wo blieb er?

»Franzi!«, rief Brunner und rannte längs des Ufers weiter. »Franzi... hierher!«

Brunner war wie von Sinnen. Er brüllte. »Franzi, gib Antwort ... hier bin ich! Da her!«

Teichmann lag auf dem Gesicht. Wie aus weiter Ferne hörte er Brunners Angstrufe.

Er hat es nicht geschafft, schoss es Teichmann durch den Sinn. Er wollte sich aufraffen, sich an der Suche nach Lämmer beteiligen, doch er hatte plötzlich keine Kraft mehr. Ausgehöhlt, total erschöpft blieb er liegen und murmelte: »Franz, armer Kerl ... Gott sei deiner Seele gnädig ...«

Das Rufen hatte sich im Dunkel verloren, der Strom schob sich gurgelnd und schmatzend wie ein sattes Ungeheuer vorbei.

Da taumelte eine vornüber geneigte Gestalt heran, kam näher und sank mit einem ächzenden Laut auf die Knie.

»Ersoffen«, stöhnte Brunner, »so kurz vorm Ziel ersoffen. Mein Gott, warum das ... warum das?« Brunner schlug die Hände vors Gesicht.

Plötzlich flammte drüben am anderen Ufer ein Scheinwerfer auf. Sein langer Arm suchte die Uferseite ab, sprang in den Strom, glitt über das schimmernde Wasser ... huschte jetzt über die beiden kauernden Gestalten hinweg und verlosch wieder.

Es war, als habe sich das Auge einer Bestie geschlossen – sie schlief wieder.

Eine Weile hockten die beiden Gestalten an der Uferböschung. Sie schwiegen, sie versuchten zu begreifen, warum ihr Kamerad sterben musste, nur wenige Meter vorm Ziel.

Teichmann fasste sich als Erster. Ächzend und vor Kälte schlotternd stand er auf. Er starrte auf das dunkle

Wasser, sah dann zum anderen Ufer hinüber und murmelte: »Komm, Loisl – gehn wir.«

Der andere rührte sich nicht.

Da zog Teichmann ihn hoch. »Komm, Loisl, wir müssen damit fertig werden. Es hat eben nicht sollen sein.«

Brunner wankte. Seine Stimme klang brüchig, als er sagte: »Warum hat er's net geschafft, Werner? Ich kann's einfach net begreifen.«

»Weil nur zwei das Glück haben sollten, Loisl.«

»Das Glück?« Brunner lachte bitter. »Ich weiß net, ob's ein Glück war, Werner.«

»Vielleicht waren wir die Stärkeren, Loisl.«

»Die Stärkeren, o mei …« Brunner legte Teichmann die Hand auf die Schulter. »Die Stärkeren imponieren mir nimmer, Werner. Die Schwachen sind die Stärkeren, weil sie mehr und besser dulden können.«

»Vielleicht hast du recht«, nickte Teichmann.

Sie stiegen die Uferböschung hinauf, orientierten sich wortlos und schlugen jene Richtung ein, aus der mattes Licht den Nachthimmel überzog.

# Weitere Bücher von F. John-Ferrer

**Zwischen Kairo und Tunis**
240 Seiten
ISBN 978-3-475-54220-6

Unteroffizier Willi Trump erzählt in seinem Bericht über den Afrikafeldzug. Er beschreibt, wie seine Männer und er in blindem Gehorsam die Wüste durchqueren, auf Schlaf verzichten, Hunger und Durst leiden – immer in dem Glauben, dass die Großen schon wissen, was sie mit Ihnen vorhaben. Wie mechanische Wesen, die einem fremden Willen gehorchen, kämpfen sie gegen Fliegenschwärme und die Angriffe der Gegner. Schließlich werden sie besiegt. Auf dem Rückzug müssen sie mit den unerbittlichen Angriffen der Amerikaner und Engländer fertig werden, und es bleibt ihnen nur noch die Sehnsucht nach der Heimat, die viele von ihnen niemals wiedersehen werden.

**Und über uns die Ewigkeit**
240 Seiten
ISBN 978-3-475-54183-4

In der Luftschlacht um England sind die Kampfgeschwader in ständigem Einsatz. Auf einem Stützpunkt treffen sich zwei alte Freunde wieder, Leutnant Hanke, jetzt Kampfflieger, und der Jagdflieger Leutnant Brechtmann. Als dieser abgeschossen und gerettet wird, verliebt er sich in die Krankenschwester Doris. Einst war Hanke mit ihr verlobt, trennte sich aber mit der Begründung, ein Soldat müsse ungebunden sein. Brechtmann verlobt sich mit Doris und es kommt zum Zerwürfnis mit Hanke. Als Brechtmann von einem Einsatz nicht zurückkehrt, finden Doris und Hanke in ihrer Trauer wieder zueinander. Sie wissen nicht, dass Brechtmann lebt und ihr gemeinsames Schicksal eine dramatische Wendung nehmen wird …

**Die Todgeweihten**
240 Seiten
ISBN 978-3-475-54147-6

Als im Kriegsjahr 1944 die Hauptkampflinie quer durch Italien lief, tobten um Monte Casino und bei Forma-Francavilla erbitterte Kämpfe. Zu dieser Zeit fasste die deutsche Abwehr den Plan, den alliierten Nachschub, der über den süditalienischen Hafen Bari lief, empfindlich zu stören. Das Ziel war, möglichst viele Marineeinheiten zu vernichten und gleichzeitig den nahegelegenen Flugplatz zu zerstören. Anhand authentischer Unterlagen eines überlebenden Teilnehmers schildert der Roman den gemeinsamen Einsatz deutscher und italienischer Kampfschwimmer.

**Der endlose Weg**
240 Seiten
ISBN 978-3-475-54086-8

Eigentlich hatte der Gefreite Josef Brosik gehofft, in den Urlaub gehen zu können, stattdessen wird er zu einer neu aufgestellten Einheit versetzt. Vom eher geruhsamen Besatzungsdienst in Frankreich geht es in die Hölle der Ostfront. Schon bei der ersten Feindberührung wird fast das ganze Regiment vernichtet.
In der Folgezeit wird er Meldegänger – eine zwar bevorzugte, doch harte Aufgabe. Sie führt dazu, dass Brosik viele Einheiten und Offiziere kennenlernt und über die Zustände an der Ostfront wesentlich mehr weiß als seine Kameraden.

**Informationen zu unserem Verlagsprogramm finden
Sie unter www.rosenheimer.com**